社会が動く「影響力」の正体

MEDIA MAKERS

田端信太郎

目次

まえがき

「メディア」が毎日の生活の隅々までを浸《ひた》す時代となりました。
「メディア」経由で流通する情報や記事に対し、どのような解釈を加え、どのように反応するかが、ビジネスの成果にも大きな影響を与える時代にもなりました。

平均的な日本人は、NHKの生活時間調査によると、1日に4~5時間をメディアへの接触に費やします。ホワイトカラーの知識労働者ならば、仕事時間においても、さらに多くの時間をメディア経由での情報摂取や解釈に費やします。「人生の3分の1はベッドの上」という布団のセールストーク風に言うならば、現代は「起きている時間の3分の1はメディアの中」とまで言えるような「メディア爆発」時代なのです。

しかし、それほどまでに、あなたが属しているビジネスの浮沈や、日本という社会全体、さらには国際関係全般にまで、そして究極的には、個人の人生にも大きな影響を与えるメディアについて、あなたは、どこまで深く理解しているでしょうか。

そもそも「メディア」とは何でしょうか。なぜ、いくつかのメディアは、それほどまでに社会に影響を与えてしまうのでしょうか。どのような条件が揃うときに、メディアは個人や企業の命運をも左右する影響力を持ち得るのでしょうか。

メディアに宿る「魔力」を正しく理解し、その影響力をプロとして正しく利用していきたいと願う若いメディア業界人と、メディアが影響力を生むメカニズムを根本から深く理解し、自社のマーケティングや製品・サービスの差別化に役立てたいと願うビジネスパーソンのために、私はこの本を書きました。

長く「メディアの魔力」に恋焦がれ、取り憑《つ》かれてきたものとして、私がこれまでのメディア業界人としての経験から知り得た限りの「マジックの種明かし」をするつもりです。どうか最後までお付き合いください。

田端信太郎

第1章

はじめに

メディア世界の「カエル」だからわかったこと

私は、10年ほど前にフリーマガジンの「R25」の立ち上げに関わったのを皮切りに、「livedoorニュース」や「livedoorブログ」、オピニオンリーダーのブログ記事を集約したニュースサイトである「BLOGOS」、さらにコンデナスト・デジタルにて「VOGUE」や「GQ JAPAN」、「WIRED」のウェブサイトやデジタルマガジンの運営に携《たずさ》わり、現在はNHN Japanの執行役員として、「LINE」や「NAVERまとめ」、「livedoor」などの広告マネタイズ全般を統括する広告事業グループ長をしています。

総合商社が取り扱う商品ジャンルの幅広さを説明するフレーズとして、「ラーメンからミサイルまで」というキャッチフレーズがありますが、私が関わってきたメディアのジャンルは、それこそ「2ちゃんねるまとめブログから、超高級ファッション誌まで」と言えるほど、幅広いと自負しています。さらには、ネットのみでなく、印刷メディアとデジタルメディアの両面から様々なメディアを経験することができました。

そんな私の職業人生を、一言でいえば「カエル」のような側面があります。両生類のカエルが陸上と水中を行ったり来たりするように、メディアの世界において、両生類的に「どっちつかず」で「波打ち際」の仕事をし続けてきたからです。

例えば「広告」と「編集」、デジタルとアナログ、また複数人で運営する雑誌のような「組織メディア」と、ブログやツイッターのような「個人メディア」。こういった対極のタイプのメディアの間を、常に「どっち付かず」であやふやに漂い続けてきたのが私です。

水の中にいる魚は、普段は自分の周りにある、水の存在を意識しません。自分の国を出て、海外に行ったことがなければ、自分の国の良さや特徴を、本当にわかったことにはならないのと同じように、日頃から時間を過ごしている「世界」や「業界」の外に出てみないとわからないことがあります。今日のメディア・ビジネスの状況は、全てが変化し、流動的です。過去の「当たり前」が「当たり前」として通じることは期待できません。例えば、著作権とオリジナリティの関係、媒体社と広告主の区別といったものすら、境界がぼやけ、再定義を迫られています。こういう状況では、私のように、常にどっちつかずで、フラフラとした立場で、好奇心の赴《おもむ》くまま俯瞰的《ふかんてき》にメディアを見てきた立場だからこそ、気付けること、気が付いてしまうことに価値があるのかもしれないと思うようになりました。

私は社会人になってからこの10年以上、新しいメディア、これまでになかったメディアを立ち上げ、世の中に送り出していくことの面白さ、セクシーさ、やりがい、スリルに取り憑かれてきました。自分で自分のことを「メディア野郎」だと自負しています。宮崎駿《はやお》の「紅《くれない》の豚」に出てくる「ヒコーキ野郎」たちが、飛行機が好きで好きでたまらないのと同様に、私はメディアが好きで好きでたまらない…。そういう意味での「メディア野郎」なのです。

この書籍のもとになったコラムは、宣伝会議が運営するウェブサイトである「アドタイ」において「メディア野郎へのブートキャンプ」というテーマでメディアを立ち上げ、メディアのプロになろうとする人たち、つまりは「メディア野郎」に向けて、メディアというものの成り立ちからその特性、現在のメディア・ビジネスのあり方までを解説したものでした。

しかし後の章で詳述していきますが、この本を読んでほしいと思っている対象読者は、メディアに直接関わる仕事をしている人だけではありません。今や、メディアが作り出す力が、ビジネスの世界に大きな影響を与えるようになっています。スマートフォンが普及し、いつでもどこでもネット接続ができ、コンテンツとハードウェアの融合が進む現在では、メディアについて知ることが、あらゆるビジネスをしていくうえで重要な基礎リテラシーになりつつあると私は確信しています。

そこで書籍化にあたっては硬派なプロの「メディア野郎」を目指す人たち以外の一般のビジネスパーソンたちにも、メディアについて知る教科書的な一冊としてお読みいただけるようにと、大幅に加筆し再構成しています。

一般のビジネスパーソンにとって、メディアの世界がどのように見えるのか、私には正直、良くわかりません。ただし、書籍や雑誌、ウェブサイトの編集や運営という仕事は、一般人とは隔絶した世界で超絶的にセンスのいいギョーカイ人が、感覚的にやっていると思っていたら、それは大いなる誤解です。

メディア作りにブラックボックスはありません。

大学の建築学科に入れば誰でもが世界的に有名な建築家になれるわけでは、もちろんありませんが、普通に機能する建築物であれば作れるようにはなります。それと同様に、「メディア野郎」に求められる「普通運転免許」も、特別なものではないのです。本書はそのあたりのメディア作りにおけるレベル向上に役立ててもらえることを目指して書いたつもりです。今や、あらゆる生活者やビジネスパーソンは、日々、洪水的なまでのメディアからの情報に晒《さら》され続け、信憑性《しんぴょうせい》の怪しいものも含め、大はビジネス上の撤退判断のような意思決定から、小は今晩の合コン会場のお店選びの口コミまで、「情報」をどうやってうまく取り扱えるかが人生の質までをも左右するような基礎教養となりました。

そういう状況において、情報リテラシー、メディア・リテラシーを向上させていくために、ブログやツイッターでも社内報的な壁新聞を職場に張り出すことでも何でも構いません。メディアを実際に作り、情報を発信する側に立つことほど、受信者としての自分の解読能力や判別センスを磨くことに役立つ、良いトレーニングはないと私は思っています。

本書がより多くの「メディア野郎」を生み出すことを願いながら、徐々に本論に入りたいと思います。

第2章

一般ビジネスパーソンもメディアの知識が必要な時代

メディアとファイナンスの共通点

第1章で私は、「一般のビジネスパーソンもメディアについて知ることが、重要になってきている」とお話ししました。この章ではその理由を説明していきます。

私は、メディアの業界で働きながら、個人的に株式投資が趣味（高く付く趣味ですが…）で、ファイナンス的なモノの見方にずっと興味があるのですが、「メディア」と「ファイナンス」には、構造的に共通点が多いと思ってきました。まず、第一に両者とも社会において、大変「特殊な」ファンクションを果たしている、ということです。「特別」と言うと、なんだかエリート思想・選民思想みたいになってイヤなので、特別ではなく特殊と言わせてもらいますが。

では、どこが特殊なのでしょうか。それは両者とも実体がない、情報という無形物を扱っているということ。そして「対象への信頼」が鍵になっている、ということです。ファイナンスの世界において、紙幣や株券そのものには、本質的には特別の意味や付加価値があるわけではありません。メディアにおいても、例えばモノとしての「新聞紙」そのものに意味があるわけではないのです。

下世話な言い方をすれば、メディアやファイナンスという業界は、実力とハッタリの区別に線を引くことが極めて難しい世界なのです。これが自動車ならば、消費者はショールームで、クルマのドアに手をかけた瞬間に、その感触で直感的にそのクルマの「仕上げの美しさ」や「ボディ剛性」をかなりの程度まで見抜けます。しかし、ファイナンスやメディアにおいては、「手で触って価値を直感的に感じる」ことは、そもそも不可能なのです。例えば、一般人のお客にとってはレクサスのショールームで、ドアに手をかけ、クルマの出来を直感的に把握するのと同じような意味で、野村證券のカウンターで刷り上がったばかりの新規上場ベンチャー企業の株券を撫で回しても仕方がありませんし、刷り上がったばかりの読売新聞のインクの匂いを印刷所で嗅いでみても意味がありません。

ハッタリと実力の区別が難しい、ということを別の角度から言いますと、メディアやファイナンスという領域は、「予言が自己実現する」世界であるとも言えます。

健全なビジネスをしてキャッシュ・フローが出ている会社に高い株価がつく。これが、教科書的な理解です。別に間違っているとは言いませんが、現実においては順序が逆のケースもあり得るわけです。例えばネットバブルのようなブームの中で、あまり実体がない会社が、CEOの"ハッタリ"トークに釣られ、高い株価が一時的についてしまった。しかし、その高株価によって、イケてる会社だとメディアに紹介され、競合他社を有利な条件で買収し、さらに株価が好調だから、いい人材も集まって来たりする可能性も大いにあるわけです。結果的には、元々は微妙な感じの会社だったものが、本当に当該領域においてナンバーワンの「いい会社」になってしまうこともあり得ます。こうなってしまえば、事後に、実力とハッタリの境目を第三者が区別することなど、ほぼ不可能です。

ポンド危機でイングランド銀行を打ち負かしたことで有名な投資家、ジョージ・ソロスは、こういう現象を「再帰性」と言いました。ファンダメンタル（実体あるいは事実）が、価格（価値の数値あるいはメディア上の表象イメージ）に反映されるという因果の矢印は、決して一方通行ではなく、価格（やメディア上で表象されるイメージそのもの）が、逆向きにファンダメンタルや事実の方にフィードバックされることもある、ということなのです。

例えば、東スポが「ソニー倒産か？」と書いたら、笑い話で終わるかもしれません。しかし粉飾スキャンダルが発覚した直後の、オリンパスや２０１２年9月現在のシャープくらいシビアな状況の会社について、日経新聞が「明日にも倒産か？」と報じたら、その記事によって、生死が五分五分だった状況の会社でも、本当に倒産してしまいかねないのです。

メディアが「予言を自己実現する力」については、4章で詳述しますが、「報道」されたことで、企業の息の根を止め、場合によっては個人の生命すら奪ってしまうことがあり得る。それがメディアの自己実現する力の恐ろしさです。

「キャッシュ」から「タレント」と「アテンション」の時代へ

リーマン・ショック直後にアップルやグーグル、ユーチューブなどに初期から投資をしてきたことでも有名な超一流のベンチャー・キャピタルであるセコイア・キャピタルが投資先のCEOら幹部たちを集めてプレゼンを行いました。その内容は「Rest in peace Good Times.」(良い時代よ、安らかに眠れ)。つまり、これから大変な時代になりますよ。ムダなお金を使わずにシートベルトをしっかり締めて嵐の時代に立ち向かいましょう、というものでした。

そうやって投資先に喝《かつ》を入れた後に何が起こったでしょうか。リーマン・ショックからしばらくの後、フェイスブック、ジンガ、グルーポン…。伝統的なベンチャー・キャピタルの介添えなしに世に出るネット企業がどんどん増えました。今や、クラウドの恩恵もあって、特にネット分野で起業することに費用はそれほどかかりません。また、ソーシャルメディアを経由して、イケてるサービスはあっという間にバイラルで紹介されまくるので、2000年前後の第一次ネットバブルの頃のように、ユーザー獲得のためにスーパーボウルにテレビCMを打つような必要もなくなりました。起業にお金が不要になると、ベンチャー・キャピタルと起業家との力関係も当然に変化します。その結果として、セコイアやKPCBといった超一流のベンチャー・キャピタルですら、気がつくと時代遅れとなり、中抜きされつつあるのです。

これが表すことは何か。これまで経営資源は「人・モノ・金」と言われてきましたが、今や「お金（キャッシュ）」がボトルネックにならなくなっているということです。つまり、キャッシュが最も重要な経営資源だった時代は終わっているということなのです。

例えば今、フェイスブックの時価総額の2倍程度のキャッシュをポンと渡されて、「3年以内にフェイスブックを超える会社をつくれ」あるいは「グーグルを超える検索エンジンをつくれ」と言われても、おそらく、私を含めてほとんどの人には不可能に近い難題ではないでしょうか。でも超絶的にもの凄くイケてる人材を集めて、24時間365日馬車馬《ばしゃうま》のように凄いモチベーションで働いてくれるなら、元手の資金は、100万円もあれば、

3年か5年くらいでフェイスブックやグーグルを超える会社をつくれるかも…、という気もしてきます。

「ウォー・フォー・タレント（才能をめぐる戦争）」という本もありますが、どれくらい優秀な人材を社員として集めてこられるか、がこれからの企業にとっては、決定的に重要です。また、アメリカの社会学者マイケル・ゴールドハーバーが提唱した「アテンション・エコノミー」という概念がありますが、これは、今や人々の「アテンション（=関心・注目）」それ自体に大きな経済価値が生まれているという考えです。実際に、アップルの新製品発表が典型ですが、今や、コンシューマーのアテンション（注意）を自社の製品やサービスに向けてどのように集めてくることができるか、そのためのフックがあるかどうかは、マーケティング・コミュニケーションにおいても、大変に重要な要素になってきています。

つまり「タレントとアテンションをどうやって集めるか」こそが、これからの企業の競争軸になっていくのだと思います。

「アテンション」を集め、「タレント」をモチベートするメディア

これからの企業にとって、キャッシュよりも大事になるタレントとアテンション。その奪い合いにおいて重要な役割を果たすツール、それが「メディア」です。例えばBtoBの業界内メディアで、自社の製品やサービス、企業文化などについて、良く書かれれば、特に始まったばかりのスタートアップ企業にとっては、タレント、つまり優秀な人材を獲得するうえで非常に有利に働きます。

米国のインターネットベンチャーに関する専門メディアである「テッククランチ」が典型でしょう。実際にシリコンバレーにおいては、「テッククランチ」でサービスが褒《ほ》められると、いい人材が集まる。それによって出資希望のベンチャー・キャピタルもその会社に集まる。人もお金も集まるわけですから、サービスはますます良くなります。「テッククランチ」の記事がきっかけとなって、このような好循環スパイラルが生まれます。

アテンションを集め、タレントをモチベートする機能を持っているのがメディアです。だからこそ、私は、これからは何のビジネスをするにも、メディアについてある程度の理解をしておくことがビジネスパーソンには重要だと強く思います。ある一程以上のクラス

のマネージャーになった人が「僕はファイナンスや会計のこと、わからないので…。減価償却って何ですか？」とは恥ずかしくて言えないですよね。それと同じように、デジタルを含むメディア全般について、その利用と読解のリテラシーがない人は、ビジネスパーソンとして、かなり「イケてない」感じになるのではないでしょうか。（まあ、これは、メディア業界人である私の我田引水《がでんいんすい》的なところもあるかもしれません。そこら辺を割り引いて受け取ることも、あなたのメディア・リテラシーです。）

次の章からは、私がこれからのビジネスパーソンが知っておくべき基礎リテラシーと考える「メディア」の重要な基本概念について説明していきます。

第3章

「メディア」とは何か？

最古のコミュニケーション・メディアは洞窟壁画

そもそも、メディアとは何なのでしょうか。私は最古のコミュニケーション・メディアは（原始時代に描かれた）洞窟壁画だと思っています。何かを伝えたい、という発信者の思いがあるときに、それを伝達する「媒体・媒質」となるものこそが語源本来の意味での、メディアの定義となります。原始時代の洞窟壁画の場合は、洞窟の壁そのものが、この絵を描いた原始人の思いを伝えるメディアになっています。もし地面の上に書かれていたのでは、雨に流されてしまうので、数万年の時を超えて思いを伝える媒体（＝メディア）とはなり得ません。

今、様々な形態のメディアがネット上に存在します。しかし、そのどれに対しても「メディアとは、そこに情報の送り手と受け手の二者が存在し、その間を仲介し、両者間において、コミュニケーションを成立させることを目的とするものである」という定義が当てはまると思っています。ここで、強調しすぎることのないくらい大事なことは、「メディアは必ず、受け手を必要とする」ということと、コミュニケーションにおいては「受け手こそが王様」であるということです。

コミュニケーションとクリエーションは似て非なるもの

例えば、カリスマ編集者が超一流のモデルとカメラマンを連れてきて、数千万円をかけ、超芸術的でクールで激しくかっこいいファッション写真が溢《あふ》れる雑誌を作ったとしましょう。でも、そのファッション雑誌が、実際に読者に読まれて、読者の心の中に何らかの「印象」なり「爪あと」なりを残せなければ、そこにコミュニケーションが成立したとは言えません。

印刷され、書店の店頭に並んだけれども、誰もその雑誌を買わず、オシャレなファッション撮影のページも読まれなかったというケースがもしあるとすれば（架空の理論上のケーススタディですが）、そんなファッション雑誌は、メディアとは呼べません。そんな雑誌は、尻を拭く便所紙にもなりません。メディアの「プロ」としては、最低の恥ずべき仕事だと私は思います。

誰も読まないファッション雑誌に掲載された、超クールなモード写真、それはクリエーションであっても、コミュニケーションではない。コミュニケーションにおいては、「いいね！」や「ウンウン」と読者をうなずかせる、あるいは「何だ、これは！」でも構いませんが、受け手に何らかの印象を残し、心理的に、あるいは行動として反応がなされることが、その存在基盤となります。コミュニケーションにおいては、受け手、読者、視聴者、ユーザーこそが王様なのです。

誰もがメディアになり得る「情報爆発時代」

そして今や、個人・法人を問わず「誰もがメディアになり得る」時代、「情報爆発時代」になりました。この２０１２年にインターネット上に自社のサイトを持たない企業は、ほぼないでしょう。新たに商品のプロモーションを展開すれば、それ毎にキャンペーンサイトやフェイスブックページ、ユーチューブチャンネルなどが立ち上がります。

また、フェイスブックやツイッターのようなソーシャルメディアも花盛りですし、日々、生活者のＰＣやスマートフォンには、Gmail やＲＳＳフィードを通じて、膨大な情報がプッシュで配信されてきます。大手ポータルサイトには毎日更新される膨大なニュースや、多数の専門カテゴリがあります。商業的、組織的に運営されるメディア以外にも、無数の専門サイトや個人ブログが文字通り、「星の数ほど」存在し、日々莫大な量の記事が更新されています。

さらには、オフラインの情報環境においても、街を歩けば、多数のフリーペーパーや雑誌が、行く先々で、所せましと並べられています。一日の終わりに、自宅に帰って郵便ポストを開けてみれば、そこには、ダイレクトメールや通販カタログ、カードの請求書に同封の会員誌などが、どっさり…。テクノロジーの発達が劇的に情報発信コストを下げたこともあって、企業や個人が、メディアを利用して情報を発信すること自体は大変簡単になりました。

しかし、そんなメディアのうち、きちんと読まれ、読み手の心を動かし、世の中に対する影響力を継続的に発揮できているものが、どれくらいあるでしょうか。メディアの受け手、消費者としての皆さんの実感からも、私の実感からも、「かなり少ない」と思えるのではないでしょうか。

総務省がメディア上を行き交う情報流通量の時系列での推移について調べた情報流通インデックス調査（平成21年）によると、インターネット上を流れる情報流通量は、平成13年から平成21年までの8年間で、なんと71倍に激増しました。しかし、実際にユーザーに受け入れられ、受容され消費される情報量は、同じ8年間において、たったの2・5倍程度にしか拡大していません。それだけ多くの情報が、ただ「発信したつもり」でブラックホールに吸い込まれるようにデータセンターのハードディスクの肥やしとなって消えていっているわけなのです。

つまり、今や情報を発信することそれ自体には、全く価値がありません。読み手に届くメディアを作り、運営を継続できるかどうかこそが生命線なのです。

「メディア」の意味を定義する

宮崎駿の「紅の豚」の主人公のような「ヒコーキ野郎」が愛する飛行機と違って、メディアという存在は大変に抽象的です。そこであらかじめ、私が本書で対象とするメディアの定義を明確にしておきたいと思います。

語源としては、メディア（media）という言葉は「媒体・媒質」を意味するmediumの複数形です。媒体・媒質とは、何かが伝わる際に、その介添えになるもののことを指します。例えば、音が伝わるためには、空気が必要です。その意味では、いわゆる「空気を読め」的な比喩でなく、物理的な空気それ自体も、メディアと言えなくもないのですが、さすがにそういう定義は、ここでは採用しません。

■広義のメディアを読み解く3つの軸

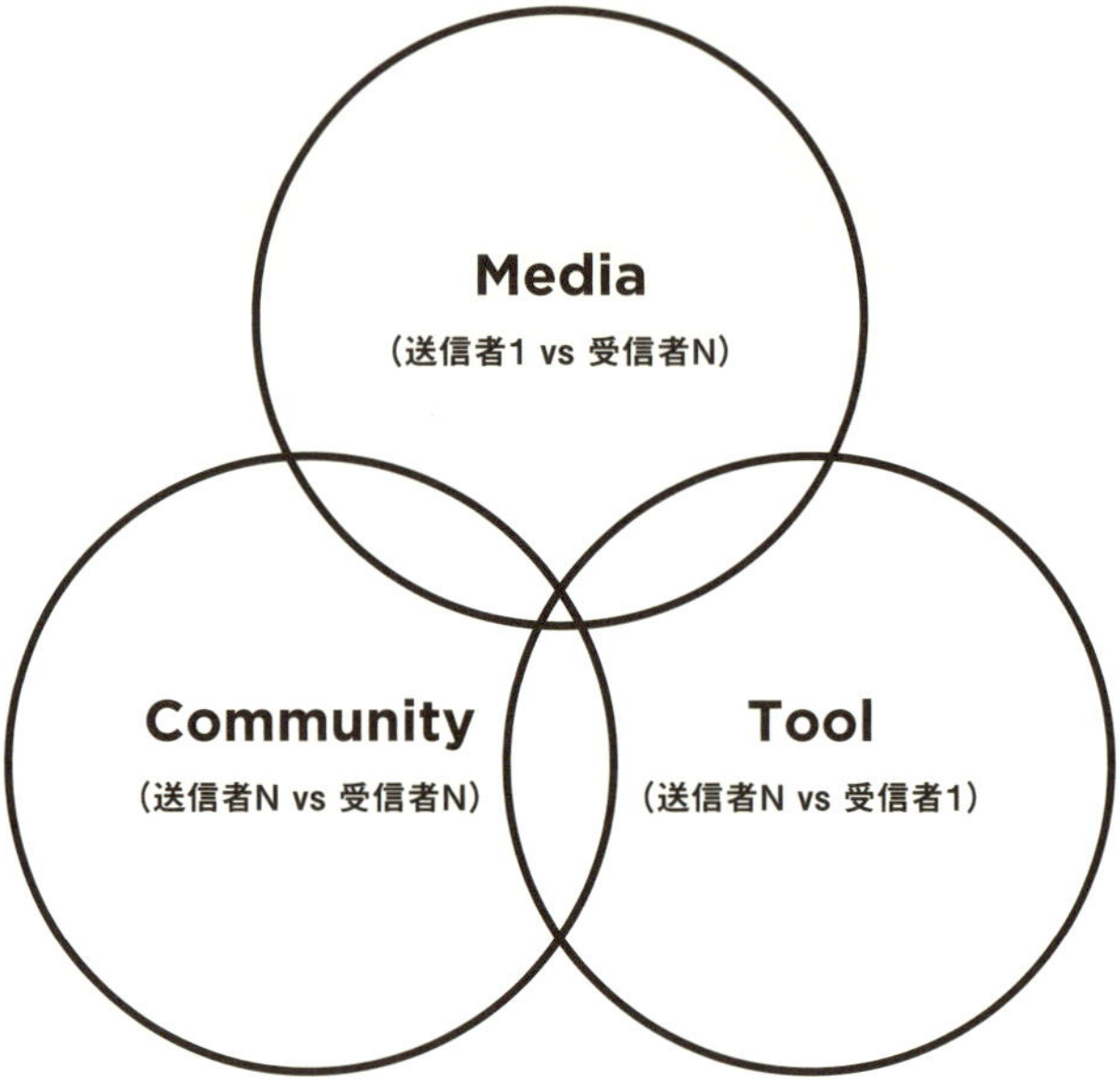

想定される送信者:1 vs 想定される受信者:N

・（狭義）のMedia型　⇒Yahoo!ニュースが典型

想定される送信者:N vs 想定される受信者:N

・Community（&Social）型　⇒facebook、mixi、2ちゃんねるが典型

想定される送信者:N vs 想定される受信者:1

・Tool型　⇒GmailやRSSリーダーが典型

私が思うに、メディアが成立するために絶対に必要なものは、発信者、受信者、そしてコンテンツです。この3要素間の関係性を取り持つものとして、広義のメディアは成立します。そして、現在のデジタルデバイス上に表現される広義のメディアは、発信者と受信者がそれぞれ1つなのか、あるいはN個あるのか、によって、図のような3形態に分類されると私は思っています。（これは以前に自分のブログで提唱したフレームワークです。）

（狭義）の「Media」型は、「Yahoo! ニュース」がその典型です。「送信者」はヤフー単独で、想定される「受信者」は何百万人もいます。（この形態の特徴をユーザー目線に即して言うと、自分が見ているページと同じウェブページをたくさんの人が見ているのだろうと無意識に感じさせているサービスです。）

ミクシィやフェイスブックなどは無数の「送信者」と、無数の「受信者」がいます。その意味では、典型的な「Community（&Social）」型のサービスと言えると思います。（このパターンの特徴をユーザー目線で言うと、自分と同じ情報を見ている人は、かなり少ない人数か、自分のみであり、もし自分以外の人が見ているとすれば、その人は、自分とかなり近い趣味嗜好だろうな、とユーザーに感じさせているサービスです。）

Gmailは、無数の人から送られる1人へのメールを読んでもらうサービスですから、典型的な「Tool」型のサービスと言えます。RSSリーダーもこのパターンです。（このパターンの特徴をユーザー目線で言うと、自分が見ているページは、自分だけのためのものであり、他人が同じページを見ていたらそれはセキュリティ上、問題アリだと感じさせるサービスです。）

ほとんどのデジタルデバイス上のメディアサービスは、図にある「Media」なのか、「Community」なのか、「Tool」なのか、の三者のうちのどれかを基本に置きながら、この3形態がカクテルのように様々なパターンで、ミックスされたりもしつつ、ユーザーの前に出現します。

そして本書において主に対象としたいメディアとはこの分類で言うと「想定される送信者：1vs想定される受信者：N」というデジタル環境の到来以前からあった最もクラシカルな、最も狭義でのメディア形態を基本的には想定しています。

インターネットの登場以前からあるアナログ&オフラインメディアのほとんどが、この意味での（狭義）の「Media」形態であり、プロの「メディア野郎」としてやっていくうえで、もっとも基本形となるのが、この形態だと私は思っているからです。

第4章

そこにメディアが存在する意味
——影響力の本質

米軍が毎日30万部の機関誌を発行する理由

皆さんは、世界最大の社内報が何かをご存じでしょうか。それは、発行体が株式会社ではありませんが、米軍が出している機関誌「STARS AND STRIPES（スターズ・アンド・ストライプス）」ではないかと、私は思っています。「スターズ・アンド・ストライプス」は、ほぼフルスペックの新聞に近い内容で、世界で毎日約30万部の発行です。米軍にはざっくり140万人ぐらいが所属しているそうなので、4〜5人に1人は読んでいることになります。軍関連のことだけでなく政治やスポーツの記事も載っています。

さて、なぜ、米軍はこんなものを発行しているのでしょうか。この編集者や記者は軍人であり、公務員です。実は「スターズ・アンド・ストライプス」の歴史は古く、南北戦争中の1861年にその発行が始まりました。太平洋戦争中には、日本軍との戦闘の結果、グアムやフィリピンなど、米軍が占領した地域に印刷機を持ち込んで、必ずそこで占領直後から、早期にどんどん発行していたそうです。

ベトナム戦争のような状況が典型ですが、アメリカ軍としては大義名分を持って戦っているつもりでも、全てのメディアが、アメリカ軍の戦いぶりについて、好意的に取り上げるわけではありません。密林の中、ブービートラップの恐怖に襲われながら戦っている兵士たちが、もし「アメリカ軍は純真無垢なアジアの農民を殺している」という新聞記事を読んだら、どんな思いを抱くでしょうか。母国にいる兵士の家族も、そんな報道を見たらやりきれないでしょう。「ウチの息子は何のために命をかけて戦っているのか」と。

映画「プライベート・ライアン」ではないですが、軍隊には、自らの身の危険を顧みずに、勇敢にチームのために戦う友情物語が付きものです。そして、そうした「武勇伝」や「美談」は、単に口伝えに広まるだけでなく、新聞のようなメディアに掲載されるからこそ、無限の広がりを持ち得るわけです。

自分の身を挺《てい》して、戦う、戦友を助ける。もし、死んでしまえば、自分自身はもはや語ることはできません。しかし、従軍記者がいることで、その物語が記憶され、新聞記事になり、ひいては歴史に残ると確信を持てれば、極限の状況においても、兵士や指揮官として恥ずかしくない行動をとろう、と思うのではないでしょうか。「名誉の戦死」をしたときに、その「名誉」をきちんと伝えてくれるメディアがあるという安心感、それが強い軍隊の基盤になっているわけです。

急に卑近《ひきん》な例になりますが、アメリカ軍にとっての「スターズ・アンド・ストライプス」

があるように、読売ジャイアンツには「報知新聞」があり、阪神タイガースには「デイリースポーツ」があります。

メディアがある、とはそこに観察者がいる、ということ。そして、メディアと取材対象は必ずワンセットの関係にならざるを得ず、ときに「共犯関係」にすらなります。

私がかつて在籍したリクルートには、社内報コンクールで、何年も連続して金賞を取る「かもめ」という社内報がありました。リクルートはメディア企業なので、私が何度も取材された「かもめ」は、それなりにきちんとしたメディアの顔つきで作られていました。でも普通のメーカーにおいては、社内報を制作する部署に異動させられると、町内会の回覧板作成のような雑務を押し付けられたようで、普通の社員は、イヤでイヤでしかたがないと聞きます。

しかし、私は組織にとって社内報の機能というものは大変に重要だと思います。なぜならば、強い社内報メディアがあると、組織に属する人間のモチベーション獲得において、大いにレバレッジが効くようになるからです。

メディアで報じられる＝生きた証が記憶されるということ

世代を超えて受け継がれるような文化的情報を、遺伝子に擬《なぞら》えて、ミームと言います。人が、もし生物として自分の遺伝子を残すとしたら、子供を作るしか選択肢がありません。子供は産めてもせいぜい数人ですし、しかもその命は無限ではありません。

しかし、もし自分の文化的ミームをメディア空間に残せれば、そこでは、無限の命を獲得することも期待できます。例えば、エジソンやスティーブ・ジョブズ、坂本龍馬のように、その人の人生そのものがストーリーになり、本や映画になればミームとしては、永遠の命と無数の子孫を獲得できるのです。人にとって自分の生きた証がストーリーになり、歴史に名が残せるというのはとてもセクシーであり、モチベーションの源となることです。

たとえ、どんなお金持ちで立志伝中の偉人だとしても、自ら、自分のことを「偉人だ！」と書いて、駅張りポスターや中吊りで、お手製の壁新聞のように張りだして回ったとしたら、大笑いされるだけです。だからこそ、企業における社内報のように、あるいは特定の業界で影響力のある専門誌のように、本人に成り代わって、第三者としての観察者の視点から、メディア上でポジティブに紹介することに、大いに価値があるのだと思います。

なぜ「缶けり」専門誌は存在し得ないのか？

観察者というメディアの立ち位置は、ビジネスの世界における市場の創造という過程においても大きな力を発揮します。ここから、専門誌というものに見る「メディアの生態系」と「メディアが存在する意味」について考えたいと思います。

インターネットが普及する前は、各趣味のジャンル・業界ごとの専門誌が、メディアの中で、最も多種多様な媒体が共存し、小さな組織が、小さな部数で、小さな業界から広告費をもらいながら、特定少数の読者に情報を届けていた領域でした。つまり、アマゾンのジャングルや、熱帯のラグーンのように豊穣《ほうじょう》で、「生物多様性」が確保された、メディアの「生態系」が雑誌の世界には存在していたのです。

趣味やレジャーには、それぞれの専門誌があります。例えばゴルフ誌です。ゴルフ誌の中には、発行のたびに中吊り広告を打つような媒体もありますから、専門誌としては最大・最強のジャンルの一つといえます。ゴルフまでは行かないものの、例えばサーフィン専門誌も、多数存在します。サーファーが通う千葉の九十九里沿いのコンビニでは雑誌コーナーのかなりのスペースがサーフィン専門誌で埋め尽くされていたりします。

ゴルフやサーフィンに比べれば、グッとマイナーになってきますが、スケボーの専門誌もあります。実際に、「SKATE boarding JAPAN」という雑誌が隔月で販売されています。きっと駒沢公園などに集うスケボー少年たちが読んで、トリックに関するウンチクや新しいスケートボードの発売情報、スケボーをやるのに適したスポットの情報を得たりしているのだろうと思います。

若者向けだけでなく、シニア層向けもあります。日本には、盆栽という伝統ある趣味があり、当然そこには、盆栽専門誌というものもあるわけです。しかも、1誌でなく、「近代盆栽」「盆栽世界」の少なくとも2誌が月刊で発行されているようです。(「盆栽世界」の発行元である新企画は2012年3月に倒産。)

要するに、釣りや料理はもちろんのこと、麻雀、鉄道模型、アウトドアから、果ては茶道に至るまで、趣味など一つのモノごとのジャンルには必ず「専門誌」が存在してきたのです。これは、ちょっと大型の書店に行って専門誌のコーナーを巡れば一目瞭然でしょう。

さて、ここで質問です。例えば「缶けり」にはそういう意味での専門誌が存在するのでしょうか。

少なくとも私が調べた限り、「缶けり専門誌」というものは見つけられませんでした。

缶けりとスケボー、盆栽、茶道の違いは何でしょうか。競技人口という意味では、缶けりをやったことのある人数の方が、スケボーより多いかもしれませんから、必ずしも読者の人数の問題ではなさそうです。

ここで、私が指摘したいのは、広告主となる業者、取材対象となりコンテンツを供給する専門家の集合体としての「業界」の有無です。ゴルフやサーフィン、スケボー、盆栽、茶道にあって、缶けりにないものとは「業界」なのです。あるジャンルが「業界」として成立するかどうか、とそこに専門誌が存在するかどうか、は鶏が先か卵が先かの関係にあると私は思っています。

ゴルフは言うに及ばず、スケボーにも大きくはありませんが、スケボー業界というものがあります。スケボーそれ自体やスケボーファッション・グッズを売るショップがあり、スケボー少年の頂点として、周囲からその技量を尊敬される「プロ」（的な人）がいるわけです。

盆栽も同様です。ハサミや肥料などの園芸グッズを売る盆栽園芸の業者がいて、コンクールに自慢の一鉢を出品して賞を取り、その熱意と技量、知識を尊敬されるエキスパートがいるわけです。つまり、競技スポーツと同様、「プロ」と呼ばれるかどうかは別にしても、それでメシを食っている関係者がその周辺に少なからず存在しているわけです。業界が存在するとは、つまりはそういうことです。

ところが、缶けりには、缶けり業界などなく、それを仕事とし、それでメシを食っている人間がいません。ゆえに、缶けり専門メディアを立ち上げても、広告費をもらえる業者を探したり、取材対象となるような人・コンテンツを見つけるにも困難を極めます。それゆえに、缶けり専門誌は存在しないのです。また、一見、奇妙かつ逆説的に響くかもしれませんが、適切な形での缶けり専門誌が存在しないがゆえに、「業界」としての缶けりも立ち上がらない、とも言えます。

一時期、都市近郊の森林などで、サバイバルゲームをやることが、サラリーマンの間でちょっとしたブームになりました。いい年こいて「戦争ごっこ」かよ、と言えなくもないわけですが、実際に流行《はや》ったわけです。私が数年前に勤めていた会社のある部署では、週末ごとにサバイバルゲームの集《つど》いが何度も行われ、会社の枠を超えての対抗戦などもありました。サバイバルゲームの場所（フィールドというらしい）を提供する専門業者もあるようですから、そこにはサバイバルゲーム業界（＝「戦争ごっこ」業界）があると言えなくもないわけです。

そのように考えれば、「缶けり」も、例えば自然に溶け込みつつ、スリルも味わえる、エコでロハスなレジャーというようなパッケージングで提案し、新規にメディアを立ち上げたら、ひょっとしたら、「缶けり業界」が、小さいながらもできないとも限りません。（今やツリーハウスの専門ムックがあるくらいなのですから。）

怪しげだったヨガをオシャレに変えた「Yogini」

メディアの誕生が、ほぼ同時的にある種の「業界」を作ったと私が思っている好例をあげましょう。1990年代においては、ヨガは、オウム真理教が信者の勧誘に利用したこともあって、かなり怪しいイメージが付きまとう、普通のOLには縁遠いものだったと思います。ところが2004年に「Yogini」という雑誌が枻出版社から創刊されて、インド系だったヨガの「怪しい」「怖い」イメージは、アメリカ経由でのオシャレでヘルシーなイメージに一新されます。「Yogini」からは、若いOL向けに、リラックスしながら自分の内面を見つめ、美容やダイエットにもよく、心身ともにヘルシーになるエコでロハスなエクササイズ、という新提案がなされたわけです。

これによって、それまでのスポーツジムでのエアロビやウェイトトレーニングを「ちょっと…」と敬遠していた若いOL層などの潜在的な健康・美容ニーズが顕在化します。街には、ヨガスタジオが雨後のタケノコのように増え、スポーツメーカーはヨガウェアを発売し、自宅でもヨガをやるために、教則本や教則DVDも多数発売され、さらにはヨガスタジオでヨガを教えるトレーナーも不足したのでしょう、ヨガのトレーナー資格を取るために、海外のヨガスクールに通う女性までも少なからず現れました。

ついには、菅野美穂や中谷美紀のような有名女優までがインドにヨガ修行の旅に出かけ、それによってまたフォロワーとしてのヨガ入門希望者が増えるという好循環が生まれたわけです。

つまり、「Yogini」のような女性向けのヨガ専門誌ができたことで、女性向けの健康法・美容法としての「ヨガ業界」が立ち上がったとも言えます。

メディアという観察者なしに世界は立ち上がらない

ここでぜひ、皆さんに強く認識してほしいことがあります。先に「ヨガ業界」があって、広告ニーズが豊富にあり、取材対象としてのコンテンツが大量にあったから、「Yogini」が創刊されたわけではありません。「Yogini」が創刊されることで、ムーブメントが起こり、広告主も増え、実際にヨガ関連にお金を落とす女性が増えた、という形できちんとおカネが循環するサイクルが生み出されたのです。

２０１２年の初頭に、マガジンハウスの「BRUTUS」がシェアハウス特集を組みました。この特集によって実際に、シェアハウスに住んでみたいというニーズはさらに増えたでしょうし、例えば、親から相続した空き家を抱えているような人の中には、「うちもシェアハウスにして空き物件を有効利用してみるか！」と思い立った大家候補や、「よし俺はシ

ヨガをオシャレでヘルシーなイメージに変えた「Yogini」。

エアハウス専門の不動産業者になるぞ」と思った人もいるのではないでしょうか。

夜空を見上げれば、宇宙には無数の星が輝いています。そんな夜空の中に、天文学者や天文マニアが、新星を発見することがあります。しかし、時に全くの新星であるケースがあるものの、発見された星それ自体は、ずっと以前から夜空のどこかで光り輝いてきた可能性が高い。

ところが、人類にとってみれば、天文学者によって確認され、名前を付けられて初めて、その存在が認識可能になります。つまり、天文学者という意思を持った観測主体と望遠鏡の役割を果たす媒体（メディア）が存在しなければ、そこには星は存在しないのと同じな

2012年2月のBRUTUS「シェアハウス」特集。「シェアハウス」ブームを加速させた。

のです。

同じことが、メディアの世界においても言えます。創刊された「Yogini」を見て、あるいは「BRUTUS」のシェアハウス特集を見て、初めて「あ、私もやってみたいかも」と消費者はそこに自分の欲望を発見したわけであり、ヨガ市場やシェアハウス市場が「発見」されたわけです。そして喚起《かんき》された潜在的な欲望が、製品・サービスへの需要として顕在化され、さらにはメディアが介在することで、供給自体も刺激され、その好循環の結果、ヨガ業界やシェアハウス業界が誕生し成長していくのです。サーフィン、スノーボード、山ガール、あるいは初期のインターネットなど、いわゆる「ブーム」として括《くく》られるようなムーブメントの多くはこのようなプロセスを経ていると思います。

ことほどさように、メディアという「観察者」「紹介者」と「取材対象」としての「業界」は一対の関係にあります。専門メディアと特定業界とは共犯者であり、運命共同体なのです。（これは「広告会社が作ったブーム」とか「ステマ」とかそういうことではなく、大衆消費社会とメディアとの関係性の根源的で普遍的な宿命なのだと私は思います。）

業界とは、たとえ小さくともそれを「生業《なりわい》」にするものにとっては、世界です。つまり、メディアという観察者なしには世界は誕生せず、メディアという共犯者なしには、世界は成長していかないのです。だからこそ、メディアという存在は、特殊な立ち位置にあるものであり、そこにはそれ相応のモラル・責任が求められると私は思っています。

予言を自己実現する力――「スクープ」と「誤報」の曖昧な境界線

ここまでで、「メディア」という観察者・紹介者がそこに発生することで、「世界」が誕生し成長していくプロセスについて説明してきました。そうして、メディアが成長していくにつれ、影響力を有していくようになります。当たり前ですが、やはり、メディアには「影響力」がありますし、ビジネス的には影響力のないメディアに存在意義はありません。

そこで、この項では、「メディアが持つ影響力」の構造について、根本から考えてみたいと思います。結論を先に言いますと、メディアには、そこでなされた予言自体を自己実現させてしまう傾向があり、この「予言の自己実現能力」こそが、メディアへの畏怖《いふ》の念と、影響力の源泉でもありました。だからこそ、ネットメディアの「もし、情報に間違いがあっても後から直すのでオッケー」という態度は巡り巡って、自らのクビを絞めることになるかもしれない…と私は懸念します。

よくメディアの影響力という文脈では、「『読売新聞』は今でも1000万部発行している。全国紙は腐っても鯛だ」とか、「テレビは死んだ、というけれど、『家政婦のミタ』は、視聴率40％だ」などと、メディアとしてリーチした先にある視聴者や閲読者の数から、その影響力について語られます。もちろん、リーチ可能な人数は、メディアの影響力を考えるうえで、大変に重要なファクターではありますが、その数値の大小だけを考えるのでは、不十分です。例えば、「読売新聞」は「日経新聞」よりも部数が3倍近く多いわけですが、社会に与えている影響力で比較しても、「読売新聞」は「日経新聞」よりも3倍も大きいのでしょうか？

月刊「缶けり」のようにここでも、実際にあり得そうなことをケーススタディとして取り上げます。エルピーダメモリというオール日の丸の期待を背負ったメモリメーカーが2012年の2月末に経営破綻し、メディアの注目を集めたことを皆さんは覚えているでしょうか。

エルピーダの経営状況が苦しく、資金繰りに困難をきたす可能性があること自体は、以前から金融業界の関係者の中では認識されていました。しかし、第三者との事業提携とそれに伴う出資などの可能性も残されており、ただちに破綻するわけではないということも、直前の株価にそれなりに値が付いていた状況から明らかでした。つまり、エルピーダの経営状態は「懸念材料が多いものの、すぐに倒産すること必至ではない」というようなグレーな状況だったわけです。実際には、「会社更生手続きの開始」つまり経営破綻は2012年2月27日の午後に発表されたわけですが、皆さんここで、この発表直前の2週間くらい前の状況を想定してみてください。（あくまで架空のケーススタディです。）

「日経新聞」のA記者は、エルピーダの財務担当者への取材や、IR資料を分析した結果、「どうやらエルピーダの資金繰りが3月末で行き詰まる可能性が濃厚であり、救済候補と目される提携先の米国M社からの出資提携の話も、先方のCEOの心変わりから行き詰まることが確実となった。さらには、これまでエルピーダに融資してきた銀行団も事業提携先が決定しない前提での追加融資には極めて否定的だ」という事実を突き止めます。そして、この状況は、近日中にエルピーダが経営破綻する可能性が極めて高いということを意味します。こういう状況になれば、デスクのチェックなどを経たうえで、「エルピーダ、経営破綻へ」というような一面記事が、会社発表より前に、日経の一面に出ていた可能性もあり得たわけです。

このような（予測）スクープ記事が、社会から一定の信頼を得ている一流経済メディア（日経、ロイター、ブルームバーグなど）に掲載されると、その後に何が起こるでしょうか。私はライブドア事件でライブドアが強制捜査から上場廃止へと向かう時に、ライブドア社内に在籍していたのである程度、想像がつくのですが、経営破綻が懸念される会社は、仕入れ先にあたるような会社の営業担当者からの電話が朝から鳴りまくって「おたくは、与信的に問題があるので、今後の取引、追加の納入は考え直したい」と言われる可能性が大です。

当然、取引先もビジネスですし、担当者もサラリーマンです。もうすぐ経営破綻する可能性が濃厚で、代金を取りっぱぐれるリスクがある会社と、何も考えずに、そのまま取引を継続するわけにはいきません。

上場廃止に向かうライブドア社内で見えたこと

しかし、ここで問題なのは、ビジネスというのは様々な仕入れ先との取引があって成り立っており、納入業者からの取引打ち切り、あるいは経営破綻リスクを理由にした商談キャンセルが相次ぐと、すでに不振に陥っていたビジネスに対して、最後の「とどめ」的な大打撃が実害として発生し、企業としての死期を早めてしまうことです。ポータルサイトとしてのライブドアの場合は、データセンターも社内で別事業部による運営だったために大いに助かりましたが、もし、あの場面で、上場廃止へと向かうライブドアのようなネットメディア企業があって、そのサービスを運営する基盤であるデータセンター企業から、「与信的に問題があるので、サービスの提供を打ち切る」と言われ、実際にサーバの電源が落とされてしまったら、その時点でゲームオーバーだったかもしれません。

本来的には、メディアで報じられた記事というものは、その時点では、ある事実状況を取りまとめ、それを解釈したうえでの「情報」にすぎないはずなのですが、それが「信頼されるメディア」に掲載されると、その情報自体が、現実の社会において、「独り歩き」を始めます。結果として、実際にポータルサイトで言えば、データセンターや天気情報・ニュース情報提供などの取引先が逃げ、訪問ユーザーも逃げ、広告主も逃げ、社員の退職が相次ぐことになります。

このようなプロセスを経て、メディアが報じた時点では「観測・解釈・予測」にすぎなかったことが、実際の社会においては「倒産」や「経営破綻」が実現することにより、「現実」となります。

つまりは誤報スレスレのいわゆる飛ばし記事でも、タイミングの妙と、記者自身も予測していなかった関係者の相互作用の中で、結果的に誤報にならずに「世紀の大スクープ」

になってしまうこともあり得るのです。つまりは「予言が自己実現する」のです。この「予言の実現能力の高さ」と、いわゆるメディアの信頼性・ブランド力・影響力とは、同じ事象を指すコインの裏表の関係だと私は思っています。（皮肉なことですが、「三菱重工と日立製作所の合併報道」のように「日経新聞」の「予言」実現能力に疑問符が付く事例が昨今多くなっていますが、これは「日経新聞」にとってはブランド力の低下そのものに直結する、大変に由々しき事態です。）

「間違っても直せばいい」の姿勢が自分たちのクビを絞める

さてさて、メディアの信頼性やブランドを考える意味で、面白い論点を別の角度から考察しましょう。これも架空の状況を想定した思考実験ですが、前述のエルピーダに関する記事と、情報としては全く同じ文章・同じ取材内容・同じ事実を、例えば「東スポ」の記者が、もし仮に摑《つか》んで、全く同じ内容の記事を掲載していたとしたら、結末はどうなったでしょうか。さすがに、取引先の担当者も「あの～、おたくの会社の資金繰りがヤバいって、東スポに書いてあったんで、追加の納入を打ち切りたいんですが…」とは連絡しにくいのではないでしょうか？
もし連絡しても「は?? 東スポの記事を真に受けないでくださいっ!! なんですか、その無責任な噂は！（怒）。ガチャ！」となるかもしれません…。結果的に、その会社は取引先からの納入を継続して受けることができ、エルピーダ的な状況において、別の提携先（例えば中国系ファンド）などからの出資が決まって、会社は破綻せずにすんだかもしれません。（その意味では結果的にですが、「東スポ」は「誤報」を出してしまったことになります。）

ことここにおいて、容易にご理解いただけると思いますが、経済報道の分野で「予言を自己実現させる力では、「日経新聞」>>>>「東スポ」なのです。（もし「東スポ」で、まじめに経済報道をしようと思っている記者がいたとするなら、前述のような状況は、悔しくて夜も眠れないでしょうね。）

私が思うに、メディアの「影響力」「信頼性」「ブランド価値（=高い広告単価をエンジョイできる理由）」の本質、あるいは、広報や経営者が一流メディアに無意識のうちにでも感じてしまう「畏怖の念」とは、前述のようなプロセスを経て発生する、予言の自己実現能力に対するものです。論理的にあり得る可能性としては、根も葉もない嘘ですら、自己実現させ、現実にしてしまう能力があるわけですから、有力メディアというものは神様みたいな存在ですよね。ヘンに睨《にら》まれない方が賢明です。そして、このような予言の自己実現能力は、関係者が自覚していようと、いなかろうと、それなりに規模と歴史のあるメディアには、大なり小なり程度の差こそあれ、備わっているものですし、それこそがビジネスとしてメディアが成り立つ基盤でもあります。

さて、このような文脈を経て考えると、ネット中心でやっているニュースメディア、ブログなどによく見られる「間違った情報を伝えても、事後に訂正して、謝罪をすればいい」という態度には、問題がないとは言えないことがおわかりいただけると思います。

これまで述べてきたように、メディアというものには、公に向かって書いた瞬間、伝えた瞬間からその内容を自己実現させる方向に向かう力が生来のものとして備わっているわけです。ある企業の生き死にに関するようなシビアな場面において、予言が自己実現するように企業を「倒産させてしまった」後に、「あれは間違いでした。記者が財務諸表から引用した数字に間違いがありましたので、お詫びして訂正します」と書いたところで、倒産してしまった企業が復活するわけではありません。すでに取り返しがつかないのです。

いわゆる大手ジャーナリズムの世界で「事実確認」の重要性が口を酸っぱくして語られるのは、このような自分たち自身の影響力について、長い組織的蓄積の結果から、ネットメディアの一般的な水準よりは、よく自覚されているからでしょう。そして、このような自分たち自身の「影響力」を自覚した結果がもたらす、ある意味では禁欲的で手間暇のかかる非効率的とも言える情報発信の態度こそが、ユーザーから見た時の、そのメディアへの信頼感の根拠であり続けてきたわけです。そして広告的に言えば、単に「クリックいくら」といった短期での費用対効果ベースに還元されない広告価値を認められ、プレミアムな広告メディアとして存在意義を発揮してきた本質と言えるのではないだろうか、と私は考えています。

つまり、ネットメディアの立場から考えると「間違っても後から直せばいい」と居直ってしまっていると、いつまで経っても、「クリックいくら」、「インプレッションいくら」というコモディティ化された広告スペースの量り売りから脱却できなくなってしまうのです。(この状況を受け入れたうえで立てる戦略というのも、もちろん「あり」と言えなくはないのですが。)

なぜならば、ターゲティング技術がどんどん進歩していく中で、単に広告メッセージをオーディエンスに到達させる「手段（広告用語で言うヴィークル＝乗り物の意味）」を超えた価値を、広告主に対して認めてもらおうとするときには、「メディア・ブランドとしての信頼感」が鍵になるわけですが、そのような信頼感とは、これまで説明してきた、自分自身が「予言を自己実現させてしまう影響力」を持っていることへの組織的な自覚から醸成されてくると思っているからです。

私は、広告主が、「クリックいくら」「コンバージョンいくら」での「刈り取り」的なレスポンス広告に対してではなく、いわゆる「無から商品への需要それ自体を生み出す」ようなブランディング広告に対して、おカネを払うときに、メディアやメディア編集者に対して、心のどこかで「マジック」を期待しているのだなと感じ続けてきました。

実際に、ここで説明したように（本当に信頼される）メディアには、予言を自己実現させてしまうような「マジック」を起こす能力があるわけです。しかし、メディア人として、そのようなマジックを操る「魔法使い」的な存在を真摯《しんし》に目指すのであれば、いわゆる「ステマ」的なダークサイドに落ちることは言わずもがなですが、メディアが本来的に持ってしまっている影響力について、日々、自覚的であらねばなりません。

今や、誰もがメディアになれる時代であり、つまりは誰もがマジックの種明かしに挑戦できる時代になったわけです。これは、「魔法使い」がすぐに「魔女狩り」の対象となってしまう時代でもあるわけですから。

第5章

「コンテンツ」の軸でメディアを読み解く

——源氏物語からニコ動まで コンテンツを分類する3次元マトリックス

ストック型とフロー型。性質を知って変幻自在に使いこなそう

さて、ここからは、メディアの特性について、これまでとは違う側面から解説していきたいと思います。第3章で、私はメディアが成立するために必要なものとして「発信者」「受信者」、さらに「コンテンツ」の3つをあげました。この章では、3つ目の「コンテンツ」にフォーカスして、メディアの構造を把握していきましょう。オフラインのものも含め、メディア上であり得るコンテンツの形態について次の3つの軸が基本のフレームとなります。

具体的には

・ストック⇕フロー
・参加性⇕権威性
・リニア⇕ノンリニア

の3軸になります。

■あらゆるメディア・コンテンツを分類する三次元のマトリックス

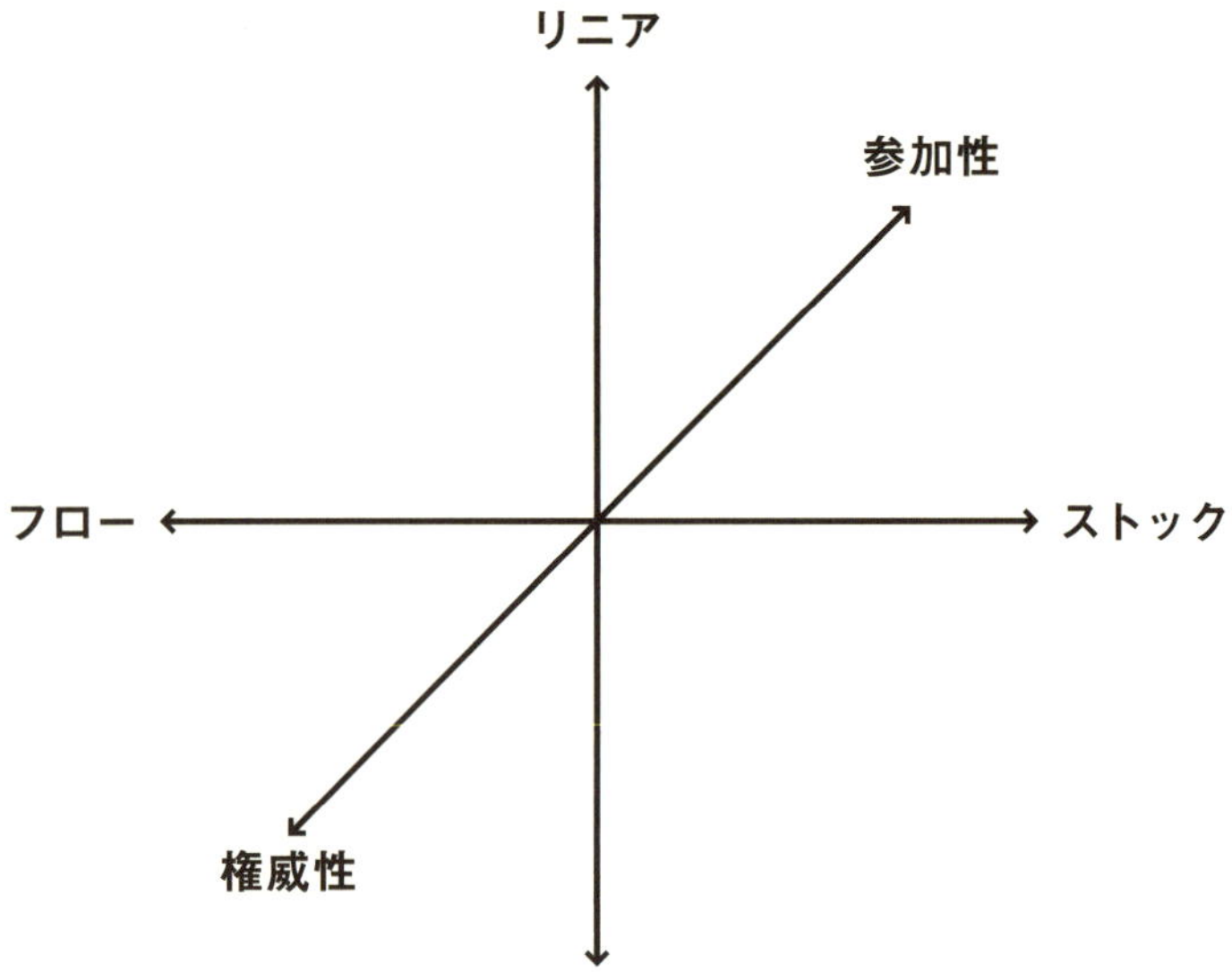

この世の中のあらゆる物体が、「縦」×「横」×「高さ」の3次元で構成されているように、メディアの世界ではあらゆるコンテンツ、それこそ「聖書」から「投稿ニャンニャン写真」のようなエッチ本、はてはツイッターの呟《つぶや》きからニコ動のMAD動画まで、この3次元上でマッピング可能だと私は考えています。

まずは「ストック」型のコンテンツと、「フロー」型のコンテンツの違いについて解説したいと思います。3つの中で最重要の概念が、このフローとストックの視点だからです。なぜかと言えば、この区分が「時間」という軸に関わるものであり、今や、あらゆるメディア消費者にとって「時間」こそが、もっとも貴重なリソースだからです。読者は「今コ」で、自分がすぐにアテンションを振り向けるべき必然性を感じないと、コンテンツがどんなに良質であったとしても、その場で読もうとしなくなる傾向が、昨今、どんどん強まっていると私は感じています。

しかし、まず注意したいのは、これらのフレームは、どちらが上とか下とか、そういう類のものではありません。ストック型のコンテンツとフロー型のコンテンツ、どちらが上か？　下か？　などについて議論することは、全く無意味です。これは野球にたとえて言えば、ピッチャーが投げる球種は、速球と変化球のどちらが優れているか？　について議論するようなものです。実務家（この文脈で言えばプロ野球のピッチャーとキャッチャー）にとっては、打者を抑える（読者の心を摑む）ことが最重要であって、速球と変化球は、決して対立するものではありません。（いささかマニアックなたとえで恐縮ですが、今回の3次元マトリックスは、野球で言えば、野村監督がピッチャーの配球を分析するために考案した「野村スコープ」のようなものですね。知ったからすぐに勝てるわけではないのですが、プロ同士が簡潔に会話をしたり、自分たちの立ち位置をチェックするための共通言語、モノサシみたいなものです。）

さきほど、速球と変化球のどちらが優れているか、についての議論は無意味だと言いました。しかし、速球一本槍のピッチャーと、速球も変化球も両方、場面に応じて投げられる変幻自在型のピッチャー、どちらが優れているか？　ならば、当然、後者ですよね。速球ばかりならば、打者の目も慣れて、最後には打たれてしまいがちですから、プロの世界では、変化球も織りまぜ、いわゆる「緩急《かんきゅう》をつけた」ピッチングができるピッチャーが当然、望ましいとされます。

メディアの世界も同じです。速球一本槍できたピッチャーがスランプに陥《おちい》り、変化球を覚えて再生するように、フロー型コンテンツ一本槍でやってきて、ユーザー増加の伸び悩みに陥ったウェブサイトが、ストック型コンテンツも増やして新たなユーザーを獲得する、といったような可能性は大いにあります。「発想の引き出し」としても、ぜひ理解して欲しい概念こそが、このストックとフローの軸なのです。

グーグルとウィキペディアの蜜月の関係

では、ストック型であるとはどういうことでしょうか？　これは時間が経ってもコンテンツとしての価値が劣化しない、つまり「賞味期限が長い」コンテンツであるということです。その典型は、教科書に出てくるような古典・名著の類です。日本文学で言えば、「源氏物語」「枕草子」「平家物語」に始まり、近代では森鷗外、夏目漱石の諸作品など、今でも広く読まれるコンテンツがあります。そういうラインナップがストック型の代表例と言えます。

「世界最古の長編小説」と言われる「源氏物語」は、少なくとも1000年近く前には完成していたようです。1000年の時を経てもなお、新たに現代語訳が出版され、広く読まれ続けている（＝読者ニーズがある！）ということは、男女の恋愛を扱ったその内容に時代を超えた普遍性があり、コンテンツとして、ほぼ半永久的とも言える賞味期限の長さを獲得できた証拠と言ってもよいでしょう。

すでに1000年を経てなお生き残っているわけですから、おそらく今後、100年や200年の間に、「源氏物語」が誰も見向きもしない単なる古文書《こもんじょ》になるとは思えません。22世紀になってもなお読まれ続けるでしょうし、もしかすると他の惑星に移住した未来の人類ですら、「源氏物語」を読んでいるかもしれません。それくらいに不朽の「ストック」ぶりだと思います。

もう少し、読者の皆さんの日常に馴染みの深いストック型コンテンツの代表例を紹介しましょう。それはウィキペディアです。ウィキペディアに書かれた膨大な量の素晴らしく詳細な解説や記述の価値、例えば「フランス革命」の項目について書かれたその内容が、10年や20年の時間の経過で価値が減少するとはとても思えません。

また、ウィキペディアは現代のネット上におけるストック型のコンテンツを考えるうえで、もう一つ、決定的に重要な特徴を教えてくれます。それは、サイト訪問者のかなりの比率が、グーグルに代表される検索エンジン経由だということです。グーグルとウィキペディアは、直接に資本などの関係はないのですが、もう「素敵すぎる共犯関係」と言ってもいいくらいの蜜月ぶりに思えます。グーグルで固有名詞を検索すると、多くの場合、上位3番以内にウィキペディアでの該当項目がヒットし、膨大な数のユーザーがグーグル経由で日々、ウィキペディアに送り込まれていきます。また、グーグルの検索結果が「質が高い」「使える」という評価のかなりの部分は、実質的にはウィキペディアがもたらしたとも言えましょう。

グーグルのページランク、つまりは検索エンジン上でのランキングという価値尺度は、それまでの大衆商業メディアを主に支配していたコンテンツの「鮮度」という軸とは全く違ったコンテンツの序列を、ウェブ上の記事コンテンツに与えました。このことは、現代のメディア環境において、ストック型コンテンツのあり方に、これまでになかった大きな可能性を、特にその記事コンテンツの書き手の態度に対して、もたらしたのではないか、と私は考えます。

その可能性とは、具体的には「この記事は、今すぐには読まれないかもしれないが、きっと将来において、グーグルの検索結果を通じ、今ココにはいない誰かに発見されて、その時に、強い興味と熱烈な歓迎を持って読まれるだろう。だから、私はそのことを信じて、今ココにはいないかもしれない誰かのために、良い記事を作ろう」という態度です。

何だか、死後に評価された画家ゴッホのような態度です。このような態度は、グーグルの登場以前には、ほとんど誇大妄想狂《こだいもうそうきょう》的なナルシストだ！　と笑われてオシマイだったのですが、現在においては十分に「現実的」と言えなくもない態度になりました。しかも、単なるメディア人としてのプライドや矜持《きょうじ》の次元ではなくて、ビジネス的にも、記事を公開してから2〜3日の間だけ読まれて10万ＰＶを獲得し、それで終わりというコンテンツよりも、1日あたり1000ＰＶかもしれませんが、向こう数年に渡って毎日1000ＰＶずつをコンスタントに検索エンジン経由でもたらしてくれるコンテンツのほうが、「固定票的なアクセス基盤を獲得する」という側面からもありがたいのです。

現代において、特にウェブ上でストック型のコンテンツを商業メディアとして考える場合、検索エンジン経由で、ユーザーから個別の記事コンテンツをどのように発見してもらうか？（いわゆるＳＥＯ〈検索エンジンでの上位表示〉の視点。特にロングテール型ワードでのＳＥＯの視点）は、単純に技術的なレイヤーに留まらず、より編集的な観点、例えばタイトルに入れる見出しの工夫など、あらゆる側面から強調してもしすぎることはないほど重要なことになっています。「ストック型コンテンツではＳＥＯを意識せよ！」これは鉄則です。

明日になれば、古新聞。鮮度が命のフロー型

さて次は、フロー型のコンテンツです。これは、ストック型の逆で、「鮮度が命」のまさしく生鮮食料品のような「今、この瞬間」が勝負のコンテンツです。代表的なものはツイッター上に流れるニュース記事の見出しがその典型ですし、もう少し広く例を取れば、新聞やテレビに出るようなニュースやスポーツ、芸能記事、株価や為替のデータなども多くがこれに該当します。

旧来のメディア形態で言えば、新聞がその代表例です。今この文章を書いているのは、2012年の4月5日の朝6時です。今日もこれから、駅では多くのビジネスマンが4月5日付けの「日経新聞」朝刊を買い求めるでしょう。しかし、同じ内容の朝刊を、今日の夕方や明日の朝に売ったら、売れるでしょうか？　当然売れませんよね…。当たり前です。だから古新聞という言葉があり、1日も時間が経ってしまえば新聞というものは、経済的

にはチリ紙以下の価値になります。その意味では、新聞は紙メディアの中では、もっともフロー性の高いメディアです。

しかし、今朝発売のマンガ週刊誌を今日の夕方や明日の朝に売るのであればどうでしょうか？　おそらく新聞よりは価値を認めてもらいやすく、店頭で売れやすいはずです。（駅前の路地裏などで、マンガ週刊誌は、駅のゴミ箱から拾われて再販売が成り立っている場面を見ますが、あの商売は新聞では成立しません。）その意味では、新聞よりもマンガ週刊誌のほうが、フロー性が低く、ストック性が高いということになります。

フロー性の高い順に今の一般的なメディアを並べると

フロー型〈〈〈〈〈〈〈〈〈〈〈〈〉〉〉〉〉〉〉〉〉〉〉〉ストック型

ツイッター〉ニュースサイト〉新聞〉週刊誌〉月刊誌〉ムック〉新書〉単行本

という感じでしょうか。

私見ですが、印刷メディアをフローかストックどちらか強引に分類するならば、月刊誌からムックのあたりに、フローとストックの境界線があるように思います。これをユーザーの実感に即して言い方を変えると、作る側と読む側の関係において「ストック性（つまりは保存価値）を認めて、バックナンバーを捨てずに取っておきましょうね！」というコミュニケーションがチラホラと成り立ちだすのが、このあたりからということです。

逆に言いますと、現代のメディア環境において、月刊誌は「今ココ」で読まねばヤバい！というフロー性と、これはずっと残しておく、時代を超えた「古典」的な価値があるというストック性の間に挟まれ、どっち付かずになってしまう危険性の高い領域とも言えます。

豪速球と変化球。違いを知って自在に使い分けよう

さて、これまでストックとフローについてそれぞれの特徴を説明してきました。最後に私からオススメするのは、ストックとフローを行き来する視点を持つことです。プロ野球のピッチャーならば、速球と変化球を混ぜつつ、緩急をつけたピッチングをすることを意識しないはずがないように、これはプロのメディア人として、常に意識する価値のある視点です。また、ネタ出しの発想法としては「常套《じょうとう》手段」とすら言えるものです。

例えば、ツイッターは究極と言ってもいいほどの「フロー」型メディアですが、そこに掲載される面白いツイート、興味深いツイートをピックアップして再編集し、一つのウェブページにまとめる「トゥゲッター」は、ツイッターそのものから、ややポジショニングをストックよりに移すことを狙い、「ツイートのピックアップ」や「見出しの強調・色つけ」といった編集機能を持たせることでオリジナルのツイートにストック性の高さも付与し、人気サービスとなりました。

また他には、フローが中心となるべきニュースサイトでも、「読者は、実は基礎的な政治経済用語を案外、知らないのでは？」ということに着目し、例えば、「そもそも公定歩合って何？」といった普遍的なストック型コンテンツを用意し、それを導線的に強く紹介することで読者に喜ばれることもあります。（私も創刊に携わったフリーマガジンの「R25」は速報性＝フロー性で勝負しない、と決めた時点から常にこの視点を意識していました。）

また、ストック型コンテンツを紹介したり、プロモーションしたりする場合でも、例えば「格差社会が叫ばれる今だからこそ、プロレタリア文学の古典『蟹工船』を読もう」というように昨今のフローのメディア状況に引きつけて、「今ココ」でそのコンテンツに触れる必然性を演出するというのは、非常によくあるプロの「常套手段」です。（書店のPOPがその典型です。）

その他にも、例えばツイッター上には、古今東西の偉人や有名人の名言を、ツイートの形態に乗せてフォロワーのタイムラインに配信することで、数万ものフォロワーを獲得する人気ボットがいくつもあります。これも、ストック性の高いコンテンツ（＝名言）を「フロー」の場に強引に引っ張り出し、「今ココ」で読ませてしまうことで、メディア価値を創出する試みと言えるでしょう。

ストック性の高いコンテンツというのは、人類の文化遺産的なところがあって、時代を超えて「読むべき」とされているものです。しかし「いつ読んでもいい」「いつでも読むべき」というのは、往々にして、「今すぐ読む必要も理由もない」ということになりやすく、結果的に「いつまで経っても読まれない」ということになりがちです。

だからこそ、フロー性を付与し、いわばキッカケづくりをすることで、「今ココ」で読まねば！という意味づけをすることに価値があるのです。（こういう意味付け、文脈付けというのも、本来的な意味では、いわゆるキュレーションに含まれていることでもあります。）

豪速球と変化球を自在に投げ分けて打者を手玉に取るダルビッシュのように、プロのメ

ディア業界人としては、フローとストックの両方を自在に行き来し、使い分けられるようになりたいものです

「食べログ」と「ミシュラン」の違いから考える参加性と権威性

次に「参加性」と「権威性」というメディア区分の軸について考えてみましょう。特にウェブ上に特徴的な「参加性」の高いメディアにおける「編集責任」というものが、どのように考えられるべきなのか、について考えてみましょう。ここでの議論を貫くキーワードとなるのは「コントロール」という概念です。

まず、メディアにおける「権威性」と「参加性」とは何でしょうか。これを具体的に考えるにあたって、格好の事例が、「ミシュラン」（＝「権威性」の代表）と「食べログ」（＝「参加性」の代表）です。

皆さんご存知のように、「食べログ」も「ミシュラン」も、レストランガイドという意味では同じです。美味しいレストランを探しているグルメな読者が、そのレビュー内容を

参考にし、食事をする店を決めるわけです。メディアとして読者に提供すべきメリットには類似性があり、競合している、と言えなくもないわけです。しかし、皆さんも既にお気づきのように、そこには決定的な違いがあります。

まず、「食べログ」での高得点レストランよりは、「ミシュラン」に載っている星付きレストランのほうが、世の中において信頼をもって「美味しい店」として引用されたり、紹介されたりする傾向が強いですよね。そういうことをもって、やはり「ミシュラン」のレストランガイドには「権威」があると言われます。

これ、実際に、どちらが美味しいかどうか、ということは、実は、あまり本質的な問題ではありません。（例えば、両方に掲載されている店でも、その内容が著しく矛盾するわけでもありません。大差ない場合もあります。）また、実際に、上位に掲載された場合に、お客さんがどちらに載った方がたくさん訪れるか、ということも、実はあまり本質的な問題ではありません。権威性とメディアの影響力はある程度は連動し、相関しますが、常に一致するわけではありません。権威性はなくても影響力のあるメディアというのは大いに考えられるからです。

さて、それでは、権威性の「ミシュラン」と参加性の「食べログ」の決定的な違いとは何でしょうか。「ミシュラン」が「食べログ」に対し、その権威性において「大いに勝っている」と、その真価を示すのは、例えば大事なデートや接待での会食の次のような場面です。

あなたが広告会社の営業マンだったとしましょう。担当する重要な得意先で宣伝担当役員の人事異動があり、大阪支店から新任のA役員が東京本社に赴任しました。あなたは営業部長から、得意先のA役員との懇親のための接待会食をアレンジするように命じられました。

さて、こういう状況での接待の店選びは、営業マンにとっては悩みの種です…。レストランにあまり詳しくないあなたは、A役員が和食好きと聞き、いろいろと検索しているうちに、「食べログ」で築地にある伝説的な和食の名店「たばた」（架空）を発見します。「食べログ」でもレビュー平均点「4・7」と大変な高得点を獲得しています。なおかつここなら、得意先のオフィスからも近く好都合です。さらに、グルメで有名で築地育ちのアシスタント女性にその店の評判を聞いてみると、地元で新進気鋭の板前が率いる店として有名で、最近、「ミシュラン」からも星2つの評価を受けたそうです。よし、これなら問題ない。今度の接待は、この和食「たばた」にしよう！　と決め、接待当日を迎えます。

滞《とどこお》りなく食事も進み、和食「たばた」でA役員との懇親の宴もたけなわ…という状況でご機嫌のA役員から質問がだされます。

A役員：「いやあ、ここの料理は美味しかった。本当にいいお店ですね。ところで、このお店はどうやってお知りになったんですか？」

あなた：「いやあ、いろいろと検索してたら、たまたま『食べログ』が引っかかりましてね。レビュー点数も高かったんで決めたんですよ。」

…とは、なかなか、バツが悪くて言いにくいのではないでしょうか。

理想的な受け答えとしては、「いやあ、仲のいい友人が築地が地元でしてね。この店の評判を聞きまして…。それにこの前出た『ミシュラン』では、いきなり星2つを取ったというものですから…」というようなのが、まあ無難な受け答えではないでしょうか。

これは「よし、今日こそはプロポーズだ！」というような、デートの場面でも同じことが言えそうです。（もちろん、ここら辺の議論は、今ちょうど、世の中の価値観が割れている部分なので、この受け答えでも全く問題ない人もいるでしょう。むしろガイドブックに全幅の信頼を寄せている人より「情報感度」と「ネットリテラシー」が高い優秀な人、なんて評価もあり得るかもしれません。今回は、あくまで一般的で多数派で保守的な価値観を持ったコミュニケーションの受け手に対して、最大限にリスクヘッジしつつ振る舞うケースを想定しています。）

なぜ、人は大事な会食の場面において、ホストとして自分が飲食店を決める際に、「『食べログ』の点数が高かったから、ここに決めた」と相手に言いにくい雰囲気があるのでしょうか？　大げさに言えば、この「ミステリー」について考えると、「権威性」に重きを置くメディアと「参加性」に重きを置くメディアの違いが浮き彫りになると思います。

やはり、キーワードは、「コントロール」と「意思」そして「責任」です。まず、もし「ミシュラン」に「まずい店」が載っていたら、その責任は誰が負うべきか？　について考えましょう。

当然のことながら、ミシュラン社が一義的に責任を負うことになるわけです。（メディアとして道義的には、の次元ですが）なぜならば、どの店を、どの星の評価を下し、載せるか、あるいは載せないか？　はミシュラン社によってその仕事を委託された審査員スタッフによって決定され、「ミシュラン・ガイド」の編集長によってコントロールされます。

世界最高のレストランガイドとしての「権威」を保つために、ミシュラン社は大変な努力を払っているようです。

ウィキペディアによるとその評価方法は、以下のようなものです。

・ガイドブック内に広告は掲載しない。
・評価対象のレストランに対して、匿名での調査が基本。
・フランスの慣習「料理評論家が評価対象のレストランでの食事に代金を支払わない」には従わない。
・身分を明かした後、写真撮影のための料理代金は店持ちに。
・審査員は調査地域を固定されることなく、各地を自由に動ける。
・審査員の大半はホテル学校の卒業生で、5年から10年のレストラン・ホテル業界経験者のミシュラン社員であるとされる。
・新人審査員は6カ月の研修の後、さらに6カ月先任者と同伴して調査に臨《のぞ》み、適性が審査される。
・同じ審査員が同じレストランを3年以内に再訪することはない。

どうでしょう？　ほぼ考えられる限り最高レベルの厳正さではないでしょうか。

こういう厳正さに思いを巡らしつつ、「大事なあなたをおもてなしするのだから、『ミシュラン・ガイド』に従って店を選びました」とでも言い訳するならば、もし万が一、会食で不愉快なことがあっても、店選びの観点で、そのことを咎《とが》める人は少ないでしょう。

前述のように、審査員の人材育成プロセスから、誌面に掲載される写真の撮影コンディションまでをも「コントロール」することで、「ミシュラン」はその権威性を保っています。ある店が「ミシュラン」に掲載されるときには、前述のようなプロセスを通過した審査員や編集者の明確な「意思」があるわけです。意思を持ってプロセスとアウトプットの全てを「コントロール」するから、そこに「責任」が発生し、その報酬として「権威」が生まれてくるのです。

私は「食べログ」は、素晴らしい参加性メディアだと思いますが、前述のように「ミシュラン」が大変な努力を払っている意味において、「食べログ」内に掲載されるレストランやレストランレビューの内容に「責任」を持つことを「食べログ」には期待できないことは皆さんもおわかりいただけるでしょう。

なぜならば、「食べログ」は、そもそもどのレストランが「食べログ」内に掲載されるべきなのか？　や、ある店に対してどのようなスコアをつけられるかどうか？　それらのメディアとしてキモになるアウトプットについて、自分自身で直接に「コントロール」することができないからです。

「お前のところの飲食店レビューがインチキだから、大事なプロポーズを失敗したじゃないか！　信じてたのにどうしてくれるんだ！」と、ミシュラン社に怒りの電話をかける人がいれば、「まあ、気持ちわかるよ」と思う人もいそうですが、同じパターンで「食べログ」の運営会社である「カカクコム」に電話して「あそこのお寿司は美味い！って『食べログ』に書いてあったけど、ひからびてるじゃないか！　この馬鹿、責任者を出せ！」と苦情を言ってくる人間がいれば、クレーマー扱いでしょう。

なぜならば「コントロールできないものに対し、その内容に責任を取れ」という態度は、単なる言い掛かりだからです。これは台風のせいで運動会が中止になったことの文句を気象庁に言うようなものです。それゆえに、自社が意思を持って編集しようとしている「コントロール範囲」を事前に読者やユーザーに対して明確にしておくことは重要です。なぜならば、それがすなわち編集の負う「責任」範囲になるからです。自分がメディア編集者として、何をコントロールして、何をコントロールしていないのか、についての自覚は、プロとして必須の基本態度です。これは紙だけでなく、ネットにも１００％当てはまる原則です。

以前から、雑誌というメディアは「編集長の王国」だと言われてきました。この言葉は大げさに言えば、ある雑誌に載るものはその全てを編集長が「王様」のように決定しており、その雑誌の中は、編集長の意思で「王国」のように運営され、その全てに編集長による編集権のコントロールが及びうる、ということを意味しています。（今の出版業界の現状で言うと、これは牧歌的でノスタルジックなファンタジーかもしれませんが。）

雑誌の編集プロセスでは、テキスト文の「てにをは」から表紙写真の選定までもが編集長によってコントロールされます。そして、「その雑誌に載るものは、編集長がその全てをコントロールできる」ということが前提になって、編集長はその雑誌への「編集責任」を負います。「神は細部に宿る」わけですから、「編集の神」であることが期待される編集長としては、ディテールまで気が抜けませんね。

そして、このような編集長と編集責任の関係を下敷きにして、いわゆる「カリスマ編集長」（US版「VOGUE」編集長のアナ・ウィンターが一つの典型）が生まれてきたのです。出版社のオーナーや社長の言う通りに雑誌を作ります、その代わり、内容には責任を持ちませんよ、というサラリーマン的態度では「カリスマ編集長」の地位は望むべくもありません。

さて、あるメディアに十分な権威性があるということは、素人の読者目線で言えば、世の中の人間の大半は、このメディアが言っていることを「正しい」と受け入れているのだから、いちいち、その内容についてチェックしたり検証したりすることは面倒くさいからやめといたほうがいいな、と思われてしまっている状態です。つまり、メディアにおける「権威性」とは、コミュニケーションの場面において、対峙《たいじ》する受け手を「思考停止させ、自分の言っていることを受け入れさせてしまえる力」とも言えるわけです。

そして、政治の世界で言われるように「絶対的な権力は、絶対的に腐敗する」のです。権威性のあるメディアとして、長く世の中に君臨すると、ベタに言えば、ついつい当事者たちの気が緩み、勘違いをし、その権威を利用しようとする輩《やから》からの誘惑に負け、しがらみに搦《から》めとられるのです。

「ミシュラン」にも、そういう傾向があるのではないか？　という批判はしばしば付きまとっています。例えば、調査員を16年間務めたパスカル・レミは自著で、3つ星レストランのなかには既にその価値がなくなっているにもかかわらず、しがらみから星の数を据えおいている店もあると暴露したそうです。「ミシュラン」での評価内容に異議を差し挟もうにも、外部から見れば、その編集プロセスは秘密主義のベールに包まれていて、その内容に有効な反論をしようにも、誰に向けて、どのように行えばいいのかわかりません。

そんな権威性メディアに比べて、その編集アウトプットの多くが参加者に委《ゆだ》ねられ、多様な評価レビューや評点スコアがあることを前提としたメディア設計がなされている「食べログ」のような参加性メディアは、ある意味では選挙のように編集プロセスがオープンであり、しがらみによる操作の入る余地は少ないと言えます。(やらせ、インチキ・レビュー問題はありましたが、「食べログ」の内容を全体として、操作できていた、とは思えません。)

編集プロセスを読者に委ねることで、食べログの運営スタッフすら知らなかったレストランが、どんどん掲載店に追加されます。権威性メディアにおいては、参加しているスタッフの脳味噌に入っている情報の合計以上に、編集プロセスの成果物は「詳しく」「賢く」なることはできませんが、参加性に重きを置くメディアならば、読者の「脳味噌」をメディア内容にフィードバックさせることができます。そこには、読者を単なる「受け手」「消費者」を超えた存在にまで高め、双方向で好循環のループを生み出していくという可能性が広がっています。

しかし、この予測が困難な自己増殖プロセスの結果に基づく成果物は、メディアを運営し編集している側からは「コントロール」はできないのです。ある程度、影響を与えることはできますが、完全にコントロールはできないのです。完全にコントロールできないのですから、それに対し完全に責任を取ることもできません。ここに参加性に重きを置くメディアが直面する大きなジレンマが存在しています。

参加性メディアの全体意思は誰に帰属するのか？

さて最後に皆さんに質問です。グーグルの検索結果というのは、グーグルが「編集」した成果物と言えるでしょうか？　その検索結果については誰が「編集責任」を負うべきでしょうか。

私が考えるに、究極の参加性メディアの一つとも言えるのが、グーグルの検索結果です。あの検索結果は、ネット上に存在するウェブページ同士のリンク関係という、ある種のオープンなプロセスに基づいて主に決定されており、グーグルは検索する当事者本人以外の特定の個人の価値観に基づいて、恣意的《しいてき》にその検索結果が操作されることを何よりも嫌っています。

このことに関して、非常に興味深い事例がありました。ある特定の個人名で検索すると、グーグルの検索ページに、その人にとって事実無根のネガティブな情報（犯罪を想起させる）が、関連検索ワードとして表示されるそうです。その人物は、グーグルに検索結果の削除を求めて訴え、東京地裁はグーグルに関連ワードの表示差し止め命令を出しましたが、グーグルはこれを拒否したそうです。

グーグルとすれば、アルゴリズムを開発し、クローラーを走らせ、検索エンジンを提供しているだけで、別に特定の一個人を貶《おとし》める「意思」を持ち、そのような検索結果や関連ワードを出しているわけではないでしょう。検索結果（や関連ワード検索）を「コントロール」していない以上、それを削除する「責任」はない、というのが彼らの主張するロジックだと想定されます。（一方、削除を求める側としては、グーグルが持っている影響力の結果、実害が発生していること。そして、グーグルは検索結果を削除しようと思えばできる、という意味でコントロール可能なのだから、削除する責任がある、という見解でしょう。）哲学的に言うと、データやアルゴリズムは「自由意思」を持ち得るのか？という極めてSF的に深い論点を巡る事件とも言えますね。

やや脱線しました。私が言いたかったことをまとめます。編集する「意思」をもって、成果物をできうる限り、コントロールし、その成果物を、受け手がやみくもに信頼してしまうところに、権威性メディアの特徴があります。これは社会において影響力を持つことこそがメディアの存在意義という意味で、メディアにとっては非常に意味のあることです。そして、権威性メディアの対極にある参加性メディアには、そのオープンさや集合知的な部分に、大きな可能性が存在します。しかし、その全体としての「意思」や「責任」が誰に帰属されるべきなのか？　を巡っては、まだ全く答が出ておらず、現在進行形の問題であり、2010年代のメディアのあり方を巡る興味深い論点だと、私は思っています。

映画監督はなぜ「偉い」と思われるのか？

あらゆるコンテンツ形態をマッピングする3つの軸。最後は「リニア」⇕「ノンリニア」の軸について解説します。この「リニア」⇕「ノンリニア」のメディア特性の違いこそ、スマートフォン&ソーシャル浸透の波が、コンテンツ消費のあり方を変え、いわゆる「マイクロ・コンテンツ化」が進む中で、ぜひとも理解すべき観点だと私は思います。

まず、「リニア」なコンテンツとは何か、から説明しましょう。リニアとは線形のことです。メディア・コンテンツの消費に即して言えば、リニアなコンテンツとは、初めから終わりまで一直線に連続した形で見てもらえることを想定したコンテンツのことになります。

最も「リニア」なコンテンツ形態の典型が映画です。映画は、これ以上は考えられない！というくらいに「リニア」志向に振り切られたコンテンツの形態です。この映画が持つリニア性、さらには「特権」について把握することが、「リニア」なコンテンツとは何かを理解するうえで、良い補助線になると思いますので、これからしばらく映画に基づいて、解説していきます。（映画以外には、長編小説がリニアなコンテンツの代表例と思いますが映画に比べればリニア性は随分と薄まります。）

皆さん、映画監督という職種についてどう思いますか？　世の中には様々なクリエイティブな職業がありますが、映画監督は、最も尊敬され、憧れられるクリエイター職の一つですよね。ワイドショー的な文脈で言う世間では、映画監督のほうがＣＭディレクターよりも、「ありがたい存在」「偉い存在」と思われているであろうことは間違いありません。「巨匠」とか枕詞《まくらことば》が付いている映像クリエイターは大体が映画監督ですよね？　これはなぜでしょうか。

アウトプットが、どれだけたくさんの人の目に触れるか？　という観点で言えば、CMディレクターのほうが、そこら辺の映画監督よりも、よほどたくさんの人に見られ、影響を与え得るものを作っています。また予算的な面で見ても、もちろんハリウッド的な大作映画は巨額が投じられますが、例えば日本国内で制作されるもので考えれば、1秒あたりの制作費という観点では、CM映像のほうが映画やTVドラマよりも、よほど潤沢《じゅんたく》に予算を投じて作っているケースも多いのではないでしょうか。

では、映画監督だけが、CMディレクターや、TVドラマのディレクターにもないある種のリスペクトを社会から享受している理由は何でしょうか？　さらには、映像というジャンルすら超えて、雑誌の編集長や一流新聞のジャーナリスト以上の属人的尊敬と名声を獲得しうる理由は何でしょうか。

私が考える、その最大の理由の一つは、映画監督は現代のメディア・コンテンツ制作者の中では、他の職種では考えられないくらい、時間軸のコントロールについて自由を確保できる職種だからではないか、と思っています。

実際に映画というコンテンツが消費される最前線である「映画館」で映画を見るというシチュエーションをイメージしてもらえば、納得いただけると思います。映画監督は、お客さんを映画館の中に連れ込んでしまえば、2時間前後という長時間にわたって「オレ様ワールド」を存分に展開することが可能です。鑑賞者は、どういう映像を、どういう順序で、どのように見せられるか？　その時間軸について、全権を映画監督に預け、ある意味では物理的にも、その身を委ねざるを得ないのです。もちろん、途中で映画館を退席する自由はあるのですが、よほど気分が悪くなったりするなどの体調不良でもない限り、ほとんどの人はこの権利を使いません。あとは、お客の立場としてできることは、寝ることくらいですね。

映画の作り手である監督は、CMディレクターやTVドラマのディレクターのように、「退屈だと飛ばし見されるのではないか？　チャンネルを変えられるのではないか？」という心配をせずに、約2時間もの時間軸を自由に使うことができます。そのお陰で、じっくりと伏線を張り巡らせ、観客の脳内において描きたいイメージやストーリーを、あたかもレンガを積んで、建築物を作るように積み上げ、全ての伏線が一点に集中するような形で、ドラマとしてのクライマックスを盛り上げることができるのです。

ビョークが主演し、2000年度カンヌ映画祭でパルムドールを受賞した「ダンサー・イン・ザ・ダーク」という映画があります。私はこの映画を劇場で見た際に、その映像が、酷く手ブレしたカメラで撮影されているために映画を見ているうちに酔ってしまい、気分が悪くなり、しまいには吐き気すら催しました。ご覧いただいた方はおわかりになると思いますが、何とも救いのない沈痛なストーリーの映画です。はっきり言って鑑賞後の感想は、ある面では「極めて不愉快」とすら言える映画でありました。

吐き気を抑え、何とか見終え、ほうほうのていで劇場のロビーに這い出て、帰り道では腹が立つのを通り越し、この監督は、なぜあんなに手ブレした映像を用いたのだろうか？なんで、お金を払って見にきた観客を、こんなに不愉快な目に合わせるのか？と、監督の意図にむしろ興味が湧いてきました。あれこれと考えるうちに、あの手ブレ映像は、主人公セルマが味わっていた世界を生きることの「苦痛」を、観客にも味わい、共有してほしい、という監督の意図がこもった演出技法なのでないか、とハッと思い当たりました。

そして、もしこれが映画館でなく、例えばＴＶでの放送だったら、途中で迷わずにチャンネルを変えただろうし、ＤＶＤならばスキップするか、途中で見るのを止めていたに違いない、この「不愉快さ」は劇場で映画を見るという形のコンテンツ消費だからこそ起こり得た経験、あるいは映画だからこそ残し得た自分という観客の心の中への「傷あと」なのだ、と気づきました。私は、その時、映画自体の内容についての出来の良し悪しを脇においても、「映画」というコンテンツのあり方そのものがやはり凄いのだ、メディア芸術の最高峰と言われるだけのことはある、と痛感したのでした。（もちろん、これは私が単に監督の意図を深読みしただけかもしれませんが。）

2時間という間、お客さんを暗室に入れ、自分自身の「映像世界」を大音量とともに浴びせ続ける。これは「ダンサー・イン・ザ・ダーク」の例で私が吐き気を催したように、比喩でなく、暴力あるいは洗脳になり得るくらいの激烈な密度を持った体験になります。そして、こういった「特権」を有している（時限付きの）独裁的表現者であるがゆえに、映画監督は特権的なクリエイターとして社会から認知され、尊敬を得ているのではないでしょうか。

時間軸において全権をコントロールする責任ゆえに、映画の内容が素晴らしければ、鑑賞者は魂を揺さぶられ、涙を流して感動し、頼まれもしないのに絶賛のレビューをネット上に書き、友人・知人にはどれほど良い映画だったかを吹聴《ふいちょう》して回ります。逆に駄作であれば、これは、もう罵詈雑言《ばりぞうごん》の嵐です。（もちろん、映画が有料コンテンツだから、ということもあります。しかし、駄作映画が他のどの創作物よりも口汚く酷評されがちな背景には、金だけではなく、オレの時間を返せ！　という不満が間違いなくあるはずです。）

映画以外には、長編小説も「リニア」なコンテンツです。しかし、書物の場合は映画よりも読み飛ばす自由や、どれくらいの速度で読むかを選ぶ自由は、読者に委ねられています。しかし、基本的には、冒頭1ページ目から読み始め、最後のページまで、読み飛ばされずに読むという意味では、長編小説はリニアなコンテンツと言えるでしょう。

そしてデジタルとの比較で言えば、印刷メディア全般が、表紙から始まり、表紙からページをめくっていくという物理的な特性ゆえに、生来の「リニア」性を持っています。雑誌も、台割の順序で読者の心理的な印象に影響を与えることを狙いますから、それなりにリニア性を持ったコンテンツと言えなくもありません。（私が創刊に関わったフリーマガジンの「R25」では表紙に近い、前の方のページに政治経済のニュースの解説など堅い記事を配置し、後ろに行くに従って柔らかい記事が多くなるのですが、これは閲読場面として通勤電車の帰り道、というTPOを想定し、読者ターゲットであるM1層サラリーマンの気持ちに沿う形で、オンからオフへと台割の「リニア」性を工夫したものです。）

デジタル上のほとんどのコンテンツはノンリニア

さて、ここからはノンリニアの解説になります。ノンリニアなコンテンツの特徴とは何かと言えば、リニアの逆です。つまり、制作者ではなく、読者側に時間軸のコントロールが委ねられており、最初から見なくてもいいし、どこからどう見ても成り立つように断片化されてバラバラになっているコンテンツということになります。具体的には、「広辞苑」のような辞書や事典、カタログなどの類がノンリニアなコンテンツの典型です。

具体的に、日本の歴史というジャンルに即して言えば、

・NHK大河ドラマ、司馬遼太郎の小説、日本史の教科書＝リニア
・山川の日本史用語集＝ノンリニア

という対比になるでしょうか。

そして、ウェブサイトが典型ですが、デジタルメディア上では、ほとんどのコンテンツがノンリニア志向になっていく、ある種の「引力」の影響下にあります。ワンクリックであらゆる先に遷移《せんい》ができる、ハイパーリンクというアーキテクチャ自体が、どうしても、そのような方向にコンテンツを導きます。昨今、特にウェブ上では、ソーシャルメディアや検索エンジンからの記事への直接流入が、あらゆるサイトで増加しています。今や「トップページからグローバルナビを辿《たど》って、各階層のコンテンツを見て回る」というユーザー行動はサイト設計者の脳内にだけ存在する「幻想」になりつつあるとすら言える状況で

す。

私は、「VOGUE」や「GQ JAPAN」、「WIRED」など雑誌と並行運営し、コンテンツを共用化するウェブサイトの立ちあげと運営にも携わっていました。その中での大きな悩みの一つは、元々の雑誌レイアウトにおいて持っていた台割によるストーリー性や文脈といったものが、「ノンリニア」な世界であるウェブ上では、どうしても、剥《は》げ落ちてしまうことでした。これはもう致し方ないと諦めざるを得ない点でした。

逆に、例えば雑誌の台割感を、無理にウェブサイト上でいわゆる「ページめくり風」のインターフェースで再現したところで、違う植物同士を接木《つぎき》するようなもので、ユーザーから見れば不自然なことこの上なく、不格好な押し付けと感じられてしまい、現実には全く有効に機能しません。

また、リニアなコンテンツというのは、連続した時間を費やすことを視聴者に要求しますが、現代の生活者に対して、連続した時間消費を強いること自体の負荷が高くなりつつあると思います。例えば、映画を1本見る、つまり連続した2時間を一つのコンテンツに捧《ささ》げることの方が、毎日15分、朝の連ドラを2週間にわたって見るよりも、ずっと心理的コストは大きく感じられるというのが現代のメディア状況かもしれません。これは必ずしも、のべ時間の総量の問題ではありません。割り込みが入らない形で、連続した時間を確保することがどんどん難しくなっているのです。（この傾向は、据え置き型コンソールでのＴＶゲームに対して、隙間時間にスマートフォンから利用でき、１回あたりのプレイ時間が短時間ですむソーシャルゲームの優勢などにも見て取れます。また、ユーチューブのコンテンツが最長で10分間なのは、著作権の問題から映画やテレビ番組の違法アップロードを防ぐためというよりは、そもそもユーチューブの視聴シーンを考えると今や、最長10分で区切ることが利用ニーズとマッチしているからかもしれません。）

主権はユーザー。進展するマイクロ・コンテンツ化

このように、いわゆるリニアなコンテンツ形態とは真逆の「ノンリニア化」さらには「マイクロ・コンテンツ化」がどんどん進展しているのが、今のメディア・コンテンツ消費の現場です。そして、現代のメディア消費者は、特にＰＣやスマートフォン上では、時間軸を自分でコントロールすることに慣れきっています。

例えば、ブラウザの画面を一定時間ジャックするようなリッチ・コンテンツの広告を全画面で展開する場合など、見たくないユーザーのために「スキップボタン」を用意してお

かないと、かなり反発が大きいのです。映画館のような物理的なハコを持ち、そのように心理面も含めて、ＴＰＯをセッティングするならば別でしょうが、いつも使っているＰＣやスマートフォン上では、どんなに高品質のリニアなコンテンツを用意しても、数十分の長尺モノであれば「これからは頭のモードを切り替えて、こちらの世界に浸ってくださいよ」と呼びかけたところで「ん？　なんか、ダルそうな話だな、いいや、これ見るの止めて、ちょっとツイッターのレスでも見るか」となってしまうのが、今のユーザー行動のありがちなパターンなのです。これは、アーキテクチャの影響力がなせる業《わざ》であって、別に個別のコンテンツの良し悪しとは関係がありません。

つまり、現在のメディア環境（特にＰＣやスマートフォンを見ているユーザー向けに）でリニアなコンテンツを用意するというのは、牛丼チェーン風のハイチェアのカウンター席にいるお客さんに、３時間もかかるフルコースのフレンチを給仕するようなものなのです。「美味い」とか「不味い」とか、「高い」とか「安い」の前に、そもそも文脈として、ミスマッチなのです。ゆえに、コンテンツの内容の品質以前に、映像業界的に言う「尺の長さ」とユーザーのコンテンツへの接触動機、閲覧ＴＰＯとの整合性が優先して配慮されるべき項目であることがおわかりいただけると思います。

さて、ここまでで私の言いたかったことを、いったんまとめましょう。コンテンツには、リニアなものと、ノンリニアなものがあり、その2つの特徴は次のように整理できます。

頭から最後まで見てもらうことを想定した「リニア」：映画、長編小説など＝視聴者の時間コストが高く、視聴者層は狭く深い。純エンタメ向き。少人数から高課金。

順不同で断片的に見てもらうことを想定した「ノンリニア」：辞書、カタログなど＝視聴者の時間コストは低く、視聴者層は広く浅い。実用コンテンツ向き。多人数から小課金 or 広告モデル。

そして、3つに分けて説明してきた3次元マトリックスで言いますと、「フロー」⇕「ストック」、「参加性」⇕「権威性」、「リニア」⇕「ノンリニア」の3次元において、デジタル化やスマートフォン化、ソーシャル化の進展は、「フロー」⇕「ストック」の軸においては、引っ張り合う力が拮抗《きっこう》して中立に思えますが、「参加性」と「権威性」の軸では、「参加性」へ。「リニア」⇕「ノンリニア」の軸では、「ノンリニア」の方へと、コンテンツのあり方を変えるように「引力」を発揮しつつあると私は見ています。

プロゴルファーが風向きを、船乗りが潮の流れを意識するように、3次元の軸に基づいて、しっかりとした方向感覚を持ち、デバイス環境や生活者の可処分時間の動向まで含め、現在のメディア潮流がどのように変化しているのかを、自分自身の立ち位置と共に正しく把握すること。それは、自分自身が編集しているメディア・コンテンツが、たとえ辞書であろうが、旅行ガイドであろうが、ファッション雑誌であろうが、ニュースサイトであろうが、これからのメディア編集者やメディア野郎にとって、等しく必要なスキルだと私は思っています。

第6章

「メディア野郎」へのブートキャンプ

メディア編集者は、対象読者の「イタコ」となれ！

さて、ここまでメディアとは何か、その影響力やそこに乗るコンテンツなどの軸から解説してきました。コンテンツやメディアが置かれている環境が大きく変わりつつあることがおわかりいただけたと思います。では、この先メディアはどうなっていくのでしょうか。その点については、この後の第7章で詳述していきます。その前に、ここでは、メディアというものの特性を知ったうえで、メディアでビジネスをする人や「メディア野郎」に向け、もう少し実践的なお話しをしたいと思います。

私は、これまでメディアは発信者、受信者、そしてコンテンツの3つの要素があって成り立つものだと説明してきました。この章では、まずメディアにとって欠かせない存在である受信者との関係からメディア・ビジネスで成功するために必要な考え方をお伝えしたいと思います。

私がこれまで見てきたところ、成功している一流メディアでは明示的か、暗黙的かは別にして、その読者がどういう人なのか？　を活き活きと独り語りするような、いわゆる「ペルソナ」と呼ばれるものが、関係者の「脳内」に存在しています。

ペルソナ作りは、製品開発の方法論の中で、マーケティング手法の一つとして、行われてきたものですが、なぜメディア作りに（読者の）「ペルソナ」設定が必要なのでしょうか。そもそもペルソナとは何でしょうか。

ペルソナについて具体例を挙げましょう。ミクシィを使っている女性ユーザーと、フェイスブックを使っている女性ユーザーとの相違点を、単なる定量データでなく、擬人化された「生活者」としてのトーンで描いたペルソナ開発支援サービスである「ぺるそね」に左ページのような記事掲載があり、「ああ、わかる！　わかる！　あるよね〜」的にネット業界内で話題を呼びました（「宣伝会議」2012年1月15日号掲載記事より引用）。

「ペルソナ」とは実際のユーザーを、単なる定量的な属性データの共通項（性別、年齢、居住地など）からではなく、もっと感性的、心理的な情報も含めてイメージできるように、擬人化したものを言います。平たく言えば、ターゲットユーザーの「キャラ設定」です。

4章の「予言を自己実現する力」の項で説明しましたが、メディアというものは、そこに情報が掲載されることによって、こういう層の読者が、きっとこのように反応するのだろうな…と実際に読者の行動が起きる前に、想像され、予想されることにこそ、影響力の本質があります。

mixi女子

facebook女子

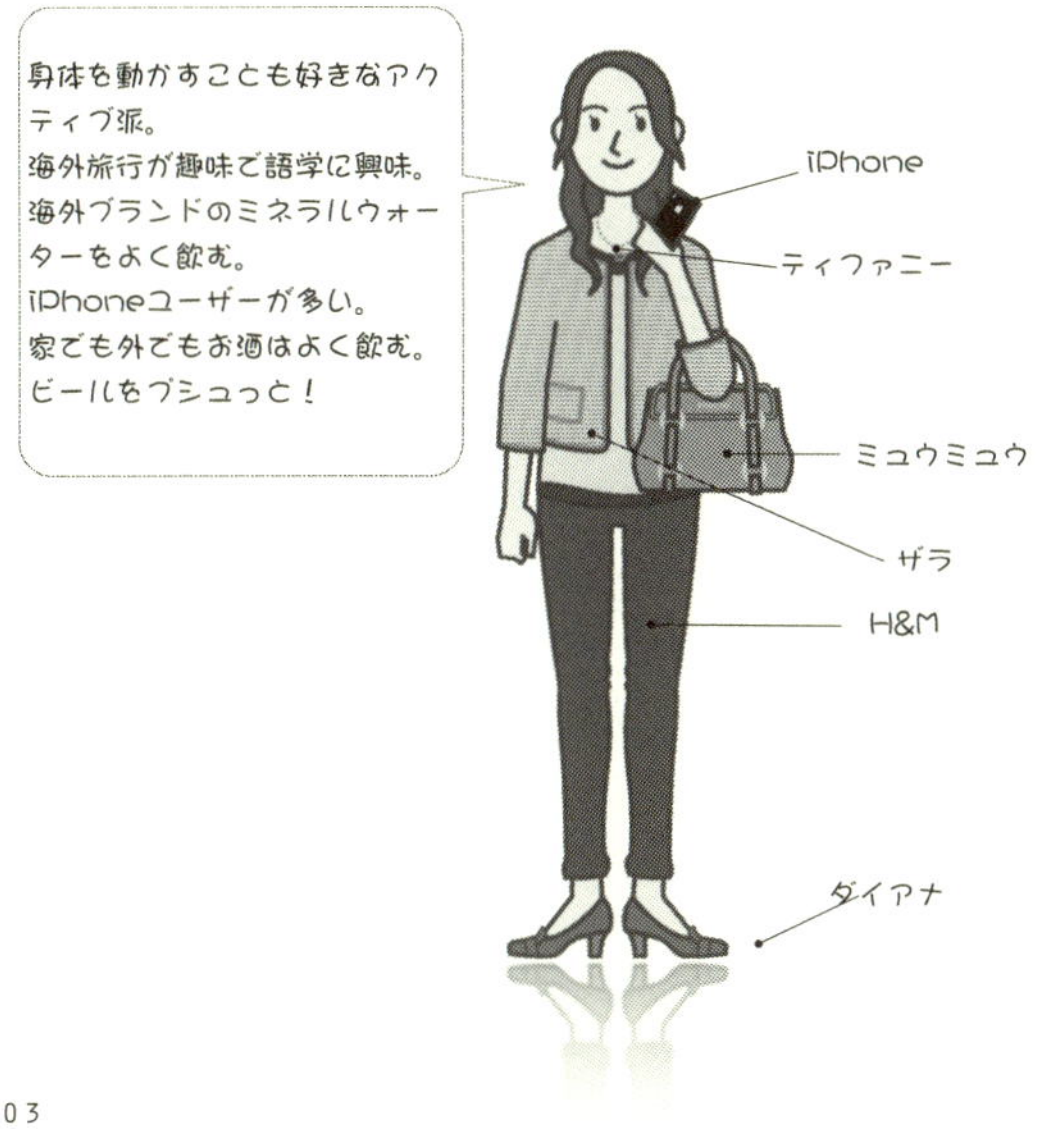

ゆえに、「ウチのメディアには、こういう読者がいるんですよ」ということを周囲の関係者（取材先、広告主、社員のみならず、外部ライターやカメラマンなどのスタッフ）の頭の中で「活き活きとしたイメージ」を持って理解してもらえるかどうかが決定的に重要です。

メディアは、情報の受け手と、送り手とが、コミュニケーションするための媒体・媒質（＝メディアの本来的な語源）なわけですから、受け手である読者の「顔」が思い浮かばねば、広告も打ちようがありませんし、文章を依頼されたライターも、記事の書きようがありません。「カオナシ」的な人間から1億回の訪問アクセスがあり、ウェブサーバーにアクセスログが残っても、それ以外の外部メディアや実社会では全く話題にもならないし、実際の読者行動に影響を与えなかった、というのではお話にならないくらい全くダメです。

そこで、アクセス解析で言う「訪問セッション」を擬人化された営みとして関係者に受け止めてもらうために、いわゆる「読者プロフィール」が求められることになります。閲読者の性別、年齢分布、居住地がグラフになったものです。見たことがある方も多いと思います。もちろんこれは必要なのですが、しかし、これだけでも、まだまだ全く不十分です。

その理由を具体的に説明しましょう。例えば「30代女性のためのウェブ・マガジン」を企画するとしましょう。しかし、その30代女性とは、「子育て中のママ」なのか「独身でキャリア系のビジネスウーマン」なのか？　この違いによって、読者の興味・関心や趣味・嗜好、購買行動などが全く変わってくるはずです。ここが明確にならないと、広告主も出稿意欲が高まらないですし、編集スタッフやライターも、どういう話題や取材先を選定して記事にすればいいのか、よくわかりません。こういった基本的な読者ペルソナが曖昧なままでメディア作りを進めても、結果的には、誰にとっても「あ、このメディアは私向けのものだ」と受け取ってもらえない可能性が濃厚です。

他にも例を挙げましょう。昨今、「格差社会」論がにぎやかです。そんな中で、性別・年齢以外の軸に、所得や資産額を読者セグメントに入れ込み、富裕層マーケティングの受け皿とした、「富裕層のためのプレミアムなメディア」的なショルダーコピーのメディアがいくつも立ち上がっています。

しかし、この「富裕層のためのプレミアムメディア」という括《くく》りも、私の見解では、全くもって乱暴すぎる読者セグメンテーションであり、ペルソナ設定であると感じます。例えば「富裕層」と言っても、地方で祖父の代から3世代にわたって続く60歳の開業医と、ヒルズに住み、スマートフォンやソーシャルゲームの流れに乗って株を上場させた28歳のネットベンチャー経営者の両方を「資産5億円の富裕層男性」という共通項で読者に設定しても、好きな食べものから、乗るクルマ、旅行先まで、興味・関心の対象は全く違い、読者イベントのような場で、実際に対面したとしても、共通の話題すらほとんど存在しないことは容易におわかりいただけるでしょう。

セグメンテーションを超えたキャラ情報が「ペルソナ」

そこで、性別・年齢・所得といった属性情報を超えて、読者をセグメンテーションし、日々の編集判断や広告セールスにおいて、「ブレのない判断軸」を作っていくために必要になってくるのが、単なる静態的で定量的な属性情報によるセグメンテーションを超えた、キャラ情報としての読者「ペルソナ」です。

私が思うにメディア編集者にとっての読者「ペルソナ」の設定とは、ユーザーを定量調査に基づいて収集されたデータ数値の集合として把握するだけでは不十分です。あくまで「一人の生活者」として、電車の席であなたの隣に座るかもしれない生身の人間のようにイメージし、本人すら気づいていないその心の奥底のヒダまで含めた、深層心理への洞察を伴って、あたかもイタコのように自分の脳内に擬似人格を「住まわせる」域にまで到達できることが望ましいと思っています。

長編小説を書く作家や人気マンガの原作者が、作品完成後のインタビューなどで、しばしば『頭の中に、登場人物たちの「キャラ設定」さえできてしまえば、あとは勝手に登場人物たちが、ストーリーを前に引っ張っていくんですよ』といった趣旨のことを話すのを聞いたことはないでしょうか。ここで言われる「キャラ設定」と、メディア編集の世界における読者「ペルソナ」の設定は、ほとんど同じものだと思います。

宮崎駿がナウシカや、キキ（魔女の宅急便）を思い浮かべ、「こち亀」作者である秋本治が両津勘吉を思い浮かべるような距離感で、自分たちが関わるメディアの対象読者のことを思い浮かべるようになれれば、メディア作りは半分成功したも同然でしょう。

ちょっと脱線しました。具体論に戻ると、定量データによる読者セグメント設定だけをいくら繰り返しても、ペルソナが「活き活きと独り歩き」を始めることはありませんし、日々の編集判断ではあまり有効には機能しません。例えば、「20代後半〜30代前半の高学歴（具体的には四大卒以上）で健康志向・自然志向（＝オーガニック食品・化粧品などを継続的に購入）の強い三大都市圏に住む女性」を、マーケティング的にターゲット読者と想定し、創刊しようとしている、エコ・マガジン「エコロハ」（架空）の編集長に、あなたが指名されたと想定してみてください。（マーケティングのための属性情報としては以上のターゲット設定はそれなりに絞りが効いています。）

編集会議で、スタッフから「今度、日比谷公園で、10万人の反原発デモがあるんです。オーガニックなライフスタイルを提案する『エコロハ』としても、取材し応援すべきじゃないでしょうか？」と言われたら、あなたはどう判断するべきでしょうか。取材すべきでしょうか、見送るべきでしょうか。

こういう場面では、いちいち「ロハスな女性における反原発デモの参加意欲について」といったような定量的な「読者リサーチ」をしている時間もコストもありません。しかしながら、事前に脳内にデータの集合体でなく、活き活きと独り歩きできる「読者ペルソナ」を飼っていれば、自ずから、答は出るはずなのです。

あたかも、友達の顔を思い浮かべて「あの子は、反原発デモの記事に興味があるだろうか？」と考えるように、読者ペルソナを一人の人格として思い浮かべるのです。データ自体は物語ってくれませんが、キャラ化され、良くできた読者ペルソナなら、ここで物語ってくれるはずです。例えばペルソナの口からは、「なんか、デモってぇ、日焼けしそうだし、人ごみは疲れるから行きたくないなあ。ワタシは…」的に答が出てくるはずです。（この回答はあくまで例ですが。）

このように、擬人化のパワーを利用し、想定読者にイタコのように憑依《ひょうい》してみることで、こうしたシチュエーションにおける編集ジャッジの速度と精度、一貫性は飛躍的に高まるでしょう。

個人の想像力には限界がありますから、実際のペルソナ作りには、想像力を補完するために、対象ターゲット層を集めて、いわゆるグループインタビューをすることは極めて有用です。実際に私が関わった「R25」の創刊段階では、のべ数十人の対象読者層へのグルインを実施しました。そのプロセスを経て、編集責任者の藤井大輔さんが、M1読者層の「イタコ」と化すプロセスは『「R25」のつくりかた』（日経プレミアシリーズ）に描かれていますので、ぜひご興味おありの方はお読みください。

「ペルソナ」があれば、コモディティ商売から脱却できる

さて、組織的なメディア作り、特に雑誌のような大規模な商業メディア作りには、多くの人が関わります。広告会社のメディア系部門の関係者から、外部の契約スタッフ、そして何よりも、「これは私たちのための大事なメディアなのだ！」と愛着を持ってくれる読者。こういった毎日、顔を合わせることができない人たちにまで、できるだけ「このメディアを実際に読んでいる人は、コレコレこういう感じの人なのです！」と腑に落ちて納得してもらえる状態を作りだすことは、メディア編集者や、メディア経営者にとっては、非常に重要な事柄です。

そこで、往々にして行われるのが、読者の「ペルソナ」をわかりやすく外部に体現するアイコンとしての表紙専属モデルや、読者層を指す造語の対外的なアピールになります。例えば、「LEON」という雑誌は、「ちょいワルオヤジ」という言葉で、彼らの読者ペルソナをうまくラベル貼りしてパッケージングし、そして、その「ちょいワルオヤジ」を体現する存在として、ジローラモさんを表紙モデルに用いました。「CanCam」は、ゆるふわ愛されOLというように読者のペルソナにラベル貼りし、それを「エビちゃん」というキャラで体現したわけです。

この域にまで到達できると、広告主・広告会社関係者・外部スタッフ・読者の間で、どういう人が、何のために、読んでいるメディアなのか？　その文脈（コンテクスト）についての理解のレベル、イメージの解像度が一気に上がりますから、広告的・商業的には非常に成功しやすいわけです。

そして、この広告主に向けて語られる「読者ペルソナ」の設定が、広告主の脳内に呼び起こす「ああ、このメディアの読者は、ウチの製品のターゲットユーザーと近いな！」というシズル感が強ければ強いほど、広告メディアとして、単なる「クリックいくら？　インプレッションいくら？」のコモディティ商売からの脱却も可能になりやすいと私は確信しています。

メディアとしての収益を最大化する観点から言えば、読者のペルソナ設定は、あまりにピンポイントでニッチになりすぎないバランス感も、必要となります。なぜならば、広告受注を狙う複数の広告主のターゲット消費者像の最大公約数的な存在である必要もあるからです。それなりの規模と共通性を持ちながら、一人ひとりの読者にとっては「あ、これはワタシ向けのメディアだ！」とピンときてもらう、このバランスにこそペルソナ設定の難しさがあります。

ここまで、読者のペルソナ設定について語ってきました。私も特にこの部分では勉強の途中ですし、普遍的に「正解」を出せるメソッドがあるようなものでは、そもそもないと思っています。

読者の皆さんには、そのことを踏まえたうえで、読者ペルソナ作りは、定量調査と定性調査、編集的なコダワリと広告的なわかりやすさ、ファンタジーとリアリティとの間に産まれ落ちるアートとサイエンスの中間のような技芸だと思っていただきつつ、それぞれの皆さんが関わるメディアにおいて、「読者ペルソナ」について思いを馳せていただきたく思います。

メディア運営に必要なソロバン計算――PVを軸にしたKPI構造の把握

次にメディア運営のエコノミクス（事業運営に関する計数構造）の話に移ります。特にウェブメディアは、「ページビュー（PV）」という指標がほぼそのまま「通貨」になるような共通概念となってしまっているので、メディア編集者にとっても、事業全体の運営について数字を基盤としたビジネス感覚を持つことが大変重要になってきます。ここで言う数字とは、より具体的には、「追加で1PVを獲得するために、何円のコストをかけられるのか？」を意識することであり、これがプロの（ウェブ）編集者ならば基本姿勢になります。

私が愛読する『「創刊男」の仕事術』を書かれたリクルートの大先輩である、くらたまなぶさん流に言うならば、メディアの立ち上げに必要なのは「ロマンとソロバン」だそうですが、PVに関する獲得コストの計算は「ソロバン」の部分にあたるものです。

メディア運営もビジネスですから、得られる売上が費用を長期的に上回り続けなければ、必ず継続不能になってしまいます。当たり前ですが、あらゆるビジネスはより安い費用で、より高く売れるアウトプット（成果物）を出すことが求められます。

例えば、米農家ならば作った米の重さ（トンやキログラム）で、自動車メーカーなら生産台数、飲食店なら来店客数などが、基本指標になるでしょう。現状では、ウェブ上のメディアでは、PVがこの基本指標になります。（このPV至上主義的な価値観に基づく行動スタイルが、そもそもメディア野郎の矜持として本当に正しいことなのか？　将来においても本当に合理的であり続けるのかどうかについては、私にも色々と思うところはあります。しかし、ビジネスの「現実」である以上、無視はできません。全肯定し、未来永劫《えいごう》受け入れ続ける必要はありませんが、まずは、業界の現状であり我々が立っている出発点であるわけですから、よくよく理解しておく必要があります。）

ウェブメディアにおける売上が、ビジネス構造としてどのようにもたらされるのか？現場で働く編集者や営業マンの「思い」や「汗」「努力」といったものを脇において、メディア全体を、日々、チャリンチャリンと売上を生み出すマシーンのような目線で捉《とら》え、様々な歯車が組み合わさったもののように把握する観点から見れば、私は左図のように捉えられると考えています。（このようなKPI〈Key Performance Indicator〉のツリー構造自体は、「VOGUE」のような超プレミアム型のファッションサイトから、「2ちゃんねるまとめブログ」のようなものまで、同じフレームで適用可能だと思っています。）

KPI間でのトレードオフの関係を把握する

さて、ここで大事なことはKPIの数値を見るだけでなく、その意味について考え、具体的な状況に基づいてその増減理由を納得し、改善のための具体的な行動に移していくことです。図にある数値の一つひとつは、人間ドックの診断結果のようなものです。数値を

■ウェブメディアにおける売上とビジネス構造

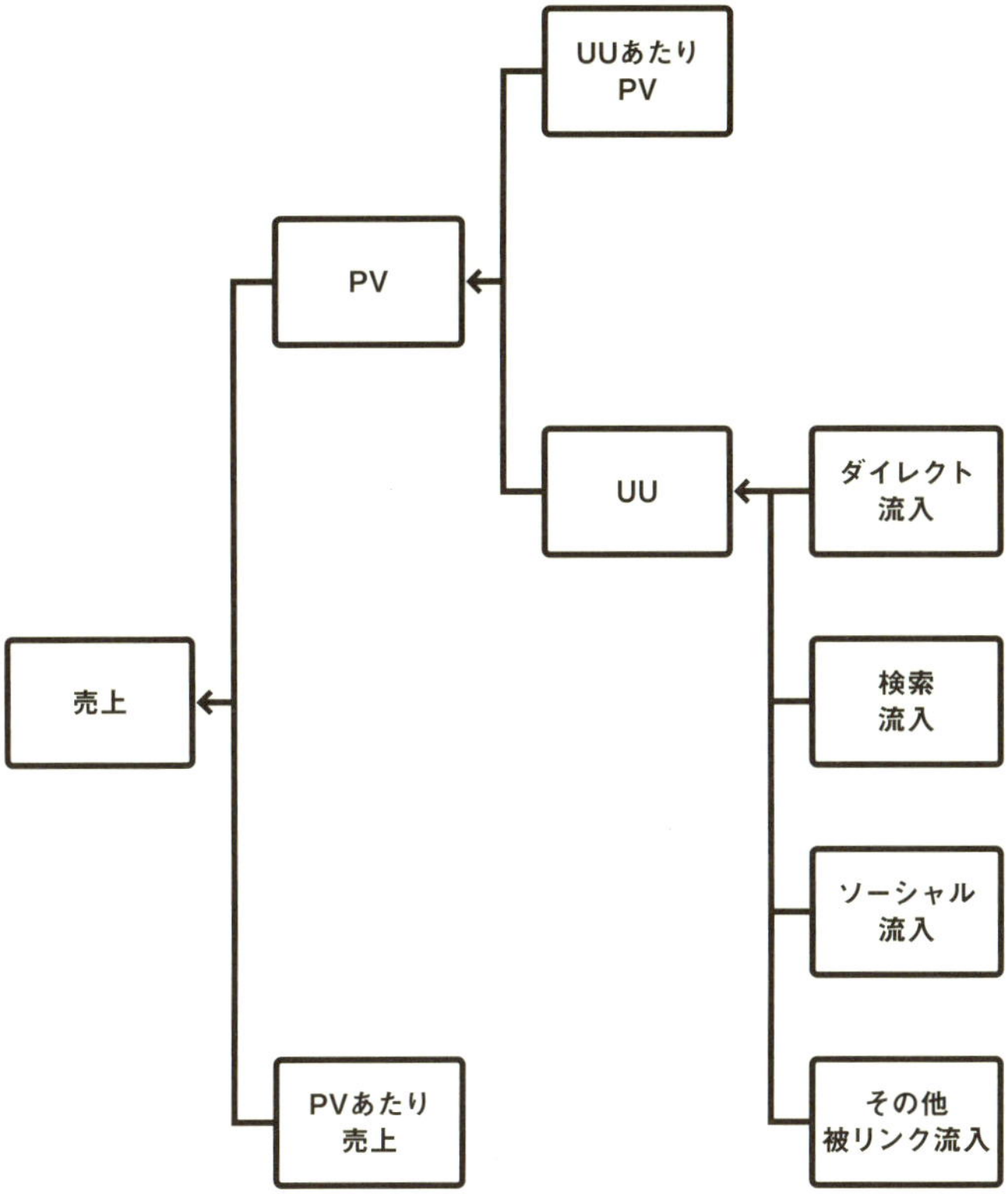

見るだけ、知っておくだけ、では全く意味がないのです。

あるメディアの売上が前年比で50％伸びたとしましょう。その原因が、例えばツイッターやフェイスブックでのフォロワーやファンが激増し、投稿の頻度も増加したことで、先の図で言う「ソーシャル流入」が増え、その結果としてUUが増え、売上拡大がうまくいったケース（しかし、それ以外のKPI数値は全く変わらず向上していないケース）と、同じ売上50％増でも、スゴ腕の広告会社出身の営業部長が入社し、リッチ広告の販売が拡大したことで「PVあたり売上」の水準が2倍に上昇し、PVは実は25％減少しているのだけれど、結果的に売上は50％の拡大となったケースでは対処すべき課題が全く違ってきます。

少なくとも編集責任者・事業責任者クラスにおいては、先のようなロジックツリー構造に基づいて、メディア全体の売上やPVの増減要因について、コンサル用語で言うMECE（Mutually Exclusive and Collectively Exhaustive）、つまりモレなく、ダブリもなく「因数分解」した構造を、頭の中に持っておくことが重要です。

さらに実務的には、それぞれのKPI間でのトレードオフの関係を把握しておくことが重要です。例えば、最近、様々なサイトでよくある状況なのですが、ツイッターやフェイスブックなどからの「ソーシャル流入」が大きく増えると、その代わりに「UUあたりPV」が減少する傾向が存在します。

ソーシャルメディアで口コミ喚起力が強い記事を掲載し、RTやシェアをユーザーに促すことで、爆発的にサイト流入を増やそうということ自体は悪い戦略ではありません。しかし、ソーシャルでバズが起きる記事というのは、見出しや写真・動画などのインパクトが非常に強く、その吸引力に「釣られて」やってきたユーザーを大量にサイトに引き込むのですが、その記事のみを読んで、さっさとユーザーは帰ってしまう（アクセス解析的に言うと、当該記事の直帰率が80％以上と非常に高い）状況になりがちです。

飲食店に例えると、TVで紹介されて一見《いちげん》のお客さんがドカンと増えたが、単品メニューばかりを注文されてしまい、客単価が下がってしまった…そんな状況でしょうかね。こういう場合は、新規客の流入増加はすでに十分なわけですから、その副作用を軽減させる手を打つべきです。よくある手段としては、記事下に類似の関連記事のリンク紹介などを埋め、その「記事のみ」が見られている（＝「UUあたりPVが1」に近い）だけの状況から抜け出ることを狙います。

また、KPI間のトレードオフ関係だけでなく、長期的にしか改善できない項目と、短期的にも改善可能な項目の区分も、特に事業責任者にとっては重要な観点です。前述のKPIで、短期的（1～3カ月以内くらい）に向上させることが期待可能な項目は、私の考えでは次の3つになります。

「PVあたり売上」は、いわゆる広告セールス陣の「営業努力」や「広告商品の改善（＝リッチ化やターゲティング化）」によって、「UUあたり売上」はサイトのUIの改善（ベタな打ち手はページ分割や写真スライドショーの導入・強化）によって、「ソーシャル流入」はフェイスブックやツイッター運用において、投稿頻度を増やしたり、見出しを工夫したりするなどの担当スタッフの努力によって、改善を期待できます。

その逆に、長期的（半年以上のスパン）でしか、大きな改善が期待できないものの代表が（オーガニックなSEOの観点からの）「検索流入」です。検索エンジンからの流入拡大に向けて打つ手は、常にゆるやかにしか効果を発揮しないのですが、その代わりいったん増えた検索流入は、すぐに減少するということも考えにくい。言わば「座布団」のように常にサイトのアクセスを下支えしてくれる存在になりますから、やはり大変重要な項目です。（余談ですが、私はアクセスが増えたり減ったりして色々と思い悩むときには、グーグルアナリティクスなどで、検索流入のグラフを見て、「安心」し、「よし、オレ達のやってきたことは間違っていないのだ！」という「自信」を取り戻すことが、しばしばありました。検索流入のグラフが、長期的に一貫して右肩上がりのトレンドを描いているのならば、そのサイトのページビューのグラフはジグザグしながらも、徐々に下値を切り上げ、上昇を続ける株価のようなチャートを描いていくことが多いのです。逆に、検索流入が長期的に一貫して下降トレンドに入っているならば、これは大変に不健全な状態です。）

言い換えると、検索エンジンからの流入アクセス数というのは、ウェブサイトにとっては非常に「資産性」が高く、堅固な岩盤となるようなアクセスなのです。これはウェブメディアを運営するネットベンチャーへの企業投資やM&Aなどの観点からも、デューデリジェンスなどで確認されるべき項目でしょう。（検索アクセスの流入比率が高いサイトというのは、例えば、ちょっと嫌な例ですが、サイト買収後に運営方針をめぐって対立が発生し、編集スタッフが全員辞めてしまうというようなケースでも、アクセスが急激に落ち込むリスクが少ないサイトなわけです。）

さて、ここまで主に売上面からのPV拡大についてお話ししてきました。日常の編集業務では、主に費用面での問題も多いでしょうから、この点についても、基本的なモニタリングの観点をお伝えしていきます。

編集オペレーションの実際では、直接に「PV」を意識することはできません。PVは常に事後的に生み出されるもので、記事を公開する前には、取得不可能な数値だからです。そこで、日常的なオペレーションでは、記事の「本数」が生産性を把握する基本の単位になります。そして、記事の1本1本にかかった費用と、記事の1本1本が生み出したPVを、自分達の担当するサイトを構成するカテゴリ要素（ニュースサイトならば、「政治・経済」や「芸能」「スポーツ」）ごとに把握したり、情報の仕入先である外部ライターや、社外の情報提供元（通信社などニュースベンダー）の発注単位ごとに把握していきます。

紙メディアの編集業界では、文字量に応じて、なんとなく原稿料の相場がありました。しかしネットメディアになり、「PV」が通貨のような価値を持ってしまう現状では、次のような状況が起こり得てしまうのです。

・1記事5万円だけど、内容がすごく刺激的で、いつもソーシャル中心にバズが巻き起こるので1本平均で50万PVも獲得できるライターのAさん
⇒PV獲得コスト＝0・1円（5万円÷50万PV）

・1記事3000円だけど、独自性の少ないネタをリリース起こしで書くので、1本平

均1万ＰＶしか読まれないライターのＢさん
⇒ＰＶ獲得コスト＝０・３円（３０００円÷１万ＰＶ）

ウェブメディアにおいては、この比較では、１本あたりのギャラでＢさんの20倍近くを取る、ライターＡさんのほうが「安い」のです。ウェブメディアの編集者ならば、ＡさんとＢさんのどちらを重用すべきか、といえば明らかにＡさんでしょう。こういう背景に基づいて、フリーライターの世界にも「格差社会」がやって来つつあるのかもしれません。（なお、この費用には、当然のことながら、ＰＶの増減に関係なく発生してくる、サーバ費用や社員編集者の人件費などの固定費用を含めるべきではありません。シンプルに編集費用の効果測定を実行するためには、ＰＶ獲得に必要となる直接的な発注金額〈＝キャッシュアウト額〉だけで十分です。本書は管理会計の話題は対象ではないので、これ以上は踏み込みませんが、メディア事業向けの管理会計というのは、もっと研究されてよいテーマだと思います。例えばサーバ費用を固定費と見るべきかどうかは、このクラウド時代に大いに議論のあるテーマだと思います。）

稼げるメディアは、それだけ自由なメディアたり得る

また、トラフィック分析においても、いわゆる「20対80の法則」が当てはまるケースが非常に多いのです。往々にして、上位10～20％の記事が、大多数（＝80％）のアクセスを生み出しているわけです。こういう場合、ウェブメディアの編集責任者は、自分のサイトの中でどの部分がスイートスポットの上位20％にあたるのか、ぜひ把握せねばなりませんし、日頃の改善努力も、まずはそこに注ぎ込むべきでしょう。

これまで売上と費用について話をしてきましたが、「利益の最大化」を求められるメディア事業責任者の立場で言えば、働きかけるべき項目は、究極的には次の3つになります。

ウェブメディア事業の利益
＝（「PVあたり売上」－「PVあたり費用」）×「全体PV」
（ゲームやECのように、よりユーザー・ベースでストック面から把握すべき事業の場合は、PVをユーザー数に置換することも可能。）

つまり、できるだけ多くのPVを、できるだけ安い費用で稼ぎ、できる限り高い効率で

マネタイズする。身も蓋もないシンプルな話になります。

古いタイプの編集者の方は、「定量化」し「構造化」されたKPIに基づき、各プロセスについてPDCAのサイクルを回していくという考え方自体、あまり好まないケースが多いようですが、営利事業としてメディアを拡大・継続していくうえでは、この観点から決して逃れることができません。数字に強く、抜け目のない感覚を発揮することに支えられた高収益メディアは、それだけ編集コストを負担する力も増えるわけですし、プロモーションのためにイベントを開催したり、交通広告などを打つ余力も出てくるでしょう。編集者の方にも響くように、文学的にドストエフスキーの言葉を引用して、本項を締め括りましょう。

かのロシアの文豪が言うには
「貨幣とは鋳造された自由である。」

だそうです。


つまり、稼げるメディアは、それだけ自由なメディアたり得るのです。編集者の皆さん、ロマンを忘れないようにしながらも大いにソロバンを弾《はじ》き、稼ぎ、儲けましょう！

「FT」の紙がピンクなのはなぜか？

さてここからは、メディア・ビジネスにおいて重要な要素、メディアがブランド化するということについて考えていきましょう。特にネット上のメディアにおいては、「2ちゃんねる」のような掲示板サイトから、「VOGUE」のようなハイエンドのファッションサイトまで、あらゆるメディア同士が、クリック単価、ページビュー単価といった共通のフラットな尺度で比較されてしまい、常にコモディティ化されるプレッシャーを受けています。これは、つまりは、永遠に続く叩き合いの値下げ合戦、いわゆる血で血を洗うレッド・オーシャン的な消耗戦であり、ネットメディア関係者でこのことを肯定する人は、あまりいません。しかし一度、現実に成立してしまった構造は、そう簡単に変わりません。

日本にネットが普及し始めてから約15年、毎年、人々がネット上で過ごす時間は増加し、デバイスの進化や通信料金の低下もあって、より多くのページビューが生み出されています。ネット広告は、業界全体の売上パイは着実に拡大しているのですが、広告スペースの供給増加が、流入する広告費の増加を上回り、広告枠の需給バランスは常に緩み続け、ネット上の広告メディア業において、広告単価は下落の一途を辿《たど》ってきたというのが私の現状認識です。

この状況を食肉業界に例えてみましょう。食肉への需要、つまり食欲（広告需要）には上限があり、それほど急には伸びない中で、肉牛の飼育頭数は激増し食肉の供給だけがどんどん増え、肉屋やスーパーの店頭で熾烈《しれつ》な値下げ合戦がグラムいくらの計り売り単位で行われているような状況をイメージしてもらえばよいのではないかと思います。

牛（メディア）を育てた畜産農家（編集者・ライター）としては、自分たちが丹精《たんせい》込めて育てた牛の肉が、グラムいくらで安売りされている状態を見るのは、忍びないですね。（ちなみに、私はPVはたくさんあるのに、空き枠ばかりで、マネタイズができてないウェブサイトを見ると、社会の教科書で見た、「豊作の結果、配送費すら回収できないので、畑でそのままキャベツをトラクターで潰す農家」の写真が頭の中に呼び起こされてきます。）

そんな物悲しい状況から脱皮するためには、肉で言うなら「松阪牛」や「神戸牛」「イベリコ豚」のように「ブランド化」をし、少しでも高い単価で売買される状況になる必要があります。そうしなければ、ミンチにされてグラムいくらでまとめ売りされる状態から、脱却することはできません。

では、どうすれば、自分たちのメディアを「ブランド化」できるのでしょうか。ここ数年、ずっと考えてきた私も、まだまだ道半ばですが、最近、少し見えてきたヒントのようなものについて書いてみたいと思います。

英国には、「Financial Times（フィナンシャル・タイムズ）」（略称・ＦＴ）という経済紙があります。グローバルな金融の中心地であるロンドン・シティを代表するメディアの一つであり、世界中の金融業界関係者が一目置く新聞でもあります。そんな「ＦＴ」を見て、私はいつも疑問に思うことがありました。「ＦＴ」は、常に薄いピンク色なのです。なぜ「ＦＴ」の紙はピンク色なのでしょうか？

以前、ロンドンで英国人と世間話をしているときに、そのことを聞いてみる機会があったのですが、その答に「ハッ」としました。私は、実は環境問題などの観点から、紙の原料のパルプに元々色が付いているとか、そういう物理的な制約で紙がピンク色になっているのだと思い込んでいました。

その時、聞いた答は「『ＦＴ』の紙がピンク色なのは、ブランディングのために決まってるじゃないか」というものでした。

一瞬、「えっ！　そうなの？　ププっ、馬鹿馬鹿しい（笑）」と思い、これは「ＦＴ」をからかったイギリス風の皮肉かとも思ったのですが、思い返せば思い返すほど、「ブランディングのために、わざわざ、新聞紙の色を変える」というアプローチは合理的なものに思えてきたのです。イギリスには「ＦＴ」以外にも、様々な新聞があります。部数を増やすための常套手段として、「セックス」、「スポーツ」、「スキャンダル」（これらのテーマを英国の新聞業界では３Ｓと称します。）ばかりを扱ったような低俗な大衆向けタブロイド紙も多いのです。それに比べ、「ＦＴ」読者は金融業界のエリートであり、「ＦＴ」を読むことは、おそらくシティで働くことを象徴するパスポートなのでしょう。

紙がピンク色ならば、カフェで新聞を読んだり小脇に抱えて歩いているだけで、「あ、この人はシティで働くエリートだ」と一目でわかるわけです。イギリスは階級社会で、アクセントで出身階層を値踏みするなどと言われますが、実は、一言も話さずとも朝の通勤時間に小脇に抱えている新聞の色で、その人の属する社会階層について、大体の見当を付けられてしまう、そんな社会とも言えるのではないでしょうか。「ＦＴ」には「なぜ紙がピンク色なのか？」という質問がよほど頻繁に寄せられるのでしょうか。「ＦＴ」のウェブサイトには、そのものズバリの回答がありました。

Q. Why is the Financial Times pink?
A. Since 1893, the Financial Times has used its distinctive salmon-pink newsprint as a distinguishing trademark to set itself apart from other daily

news publications.

「FT」自らが、紙をピンク色にしている理由を「他の日刊新聞と自分たち自身を区別してもらうための、独特なトレードマークとして、1893年から新聞紙にあのピンク色を採用し続けてきた」と公式見解で述べています

"to set itself apart from other daily news publications"

というあたりに「他の（くだらない）日刊新聞と一緒にされてはかなわん！」という彼らのプライドが滲《にじ》んでいますね。

重ねて注意すべきなのは、「FT」がピンク色なのは、別にジャーナリズム的な内容、信頼感が云々みたいなこととは、全く無関係なことです。この文脈で、「FT」はロレックスの時計と同じような「ファッション小道具」なのです。実際「FT BUSINESS OF LUXURY SUMMIT」という世界中の様々なラグジュアリーブランド企業の幹部を集めたカンファレンスを毎年開いているくらいなので、自社の立ち位置を「報道機関」としてだけではなく、「ラグジュアリーブランド企業だ」と自己認識しているフシがあります。

「シャネルが香水を売り、エルメスがバッグを売り、ロールスロイスがクルマを売るような気構えを持って、『FT』はエリート層に向け、政治・経済の未来に関する『洞察』をお届けします」

ワタシ流に能書きコピーを書くとこんな感じでしょうか。

「FT」もウェブサイトを非常に充実させ、スマートフォンやタブレットからもアクセスが容易にできる今となっては、「紙」で読む必然性は、周囲の人にピンク色の紙束を通じて、「俺は『FT』を読むような人間なんだぞ！」とアピールすることぐらいしか、残っていないのかもしれません。言ってしまえば、紙版の「FT」は「ネクタイ」みたいなものです。シンボルであり、アイコンなわけですから、機能的に意味があるとかないとかいう議論自体が無意味です。これもまた思考実験ですが、全く同じ記事内容が普通の新聞紙に印刷されていて、ピンク色の「FT」の横で、10％値段が安く売られていたとしても、案外、多くの読者は、ピンク色バージョンを選ぶのではないでしょうか。これこそがピンク色の新聞紙に紐付いた「FT」ブランドの力なのです。

作り手へのリスペクト＝メディアの品質

なぜ、そのブランドを選ぶのか？　そのブランドでなければいけないのか？　この問いについて、合理的に全ての理由をユーザーから理路整然と説明されてしまうようでは、「ブランド」たり得ません。

「なぜ、TUMIのバッグをお使いですか？」

⇓「軽くて頑丈だからです。」

「カーボンファイバーの新素材を活用したビジネスバッグをビックカメラが自社製造で発売するそうですよ。強度はTUMIのバリスティックナイロンよりも3倍強く、重量は30％減。値段は10分の1です。」

⇓「じゃあ、そっちに乗り換えます。」

というような会話が、ためらいもなく成り立ってしまうようでは、真の意味で「ブランド」ではないと思います。定量的なスペック競争でナンバーワンであることと、ブランドであることは、やはり何かが違うはずなのです。そして、ブランドがブランドたり得るためには、消費者が作り手に対して、底の見えない深い井戸を覗きこむように、得体のしれない尊敬や信頼を感じることが理想的です。メディア業の提供物は、手に取って触れたり、匂いを嗅いだりできないわけなので、読者から見た「メディアの品質」とはつまり「その作り手を信頼できるかどうか、リスペクトできるかどうか？」という問題とイコールになります。

そして、この文脈で言えば、日本のウェブメディアが、「クリックいくら？　インプレッションいくら？」の成果至上主義、焼畑農業的なビジネスになってしまって、ブランド化できていない原因は、根本的には、メディアの作り手である編集者やライターが、読者や広告主から獲得している畏怖の念にも似たリスペクトの量が足りないことが根本の原因ではないのだろうか、と私は思っています。

ネット上では、新聞や雑誌といった旧マスメディアに関わる大手企業の社員を指して「上から目線」の「勘違いマスゴミ」などと揶揄《やゆ》し、罵倒《ばとう》するムードがあります。私も、その気持ち自体はよくわかりますが、プロとしてメディアの世界で満足な報酬を得ようとするならば、「ナメられてしまえば、商売はあがったり」であり、一定の「上から目線」は、ある意味では、当然の前提なのです。

かつて雑誌の古き良き時代に一時代を作った良い雑誌とは、私が思うに、その中に100ページ分の記事があるとすれば、本当に面白く読めるのは20~30ページ、そして時間があれば読むというくらいの記事が40~50ページで、最後まで「何が面白いのか良くわからない記事」というのが20~30ページくらい含まれているものでした。そして、今にして思えば、不思議なことですらあるのですが、その最後の難しくて何だか良くわからないような記事ですら、「きっとこの雑誌に載っているからには、自分にとって価値のあることが書かれているに違いない」「そういう記事を作り上げられる編集者は、自分の理解の範疇《はんちゅう》を超えた存在であって、凄い人達なのだ」という感情が湧いたものでした。

現在の一般的なウェブサイトのコンテンツ編成は、全ての記事やカテゴリ、サイトコーナーで、同じように読者のウケを狙い、PVを取りに行くような記事ばかりになってしまっている例が多いです。たとえメディア全体の「ステイタス」を上げるための格調高い（捨て）記事を作ったところで、リニア構造の雑誌と違って、ノンリニア構造のウェブ上では、読者には記事の存在すら認識されずに、読まれる可能性がほとんどないのですから、良いも悪いもない現実とも言えます。結果的に、読者のウケを狙ったような記事ばかりが、メリハリもなく金太郎飴のようにサイト内を埋め尽くし、読者は「あぁ、このサイトの編集者やライターは、ＰＶ乞食みたいに、ＰＶ欲しさで頭が一杯なんだな～」「ネタとして考えていることも、だいたい自分の理解の範疇に収まるような、退屈な連中だな」と思われてしまうでしょう。要するに「ナメられている」わけです。こんな状況では、作り手への尊敬や畏怖の念などは、生まれてくるはずもありません。

「ＦＴ」のブランディングについて書きましたが、「ＦＴ」のピンク色の紙を小脇に抱えるというのは、「ＦＴ」に勤める編集者や記者への「信仰告白」にも似た行為なわけです。つまりは、クリスチャンが、十字架のネックレスをし、仏教徒が数珠《じゅず》を腕に巻いているようなものです。もし、「ＦＴ」の記者や編集者にスキャンダルが相次ぎ、記事内容に誤報が相次ぐならば次第に「ピンク色の紙を小脇に抱えること」は、ダサい行為になるでしょう。

「ＦＴ」のジャーナリストが、その読者にとってイエス・キリストやブッダのように尊敬をされる存在であり、トップレベルの賢人集団であるという認識が、広く社会に共有されていることがその前提になります。別に、ニッチでも構わないのですが、そういう類の「リスペクト」を社会的に承認されている編集者の数が少ないことが、ネットメディアがブランド化しきれない現時点での根本原因ではないか、と私は思っています。

尊敬・信頼・畏怖されないメディアは叩き売りされる

ちょっと回りくどくなったのでいったん、まとめましょう。ノンリニアなメディア構造は、全ての記事コンテンツで、即物的に読者の「ウケ」を取れというプレッシャーを作り手にかけます。しかし、そのプレッシャーに過剰に適応して、読者の興味に迎合した記事ばかりを均一に量産してしまうことは、長期的には、読者からのリスペクト獲得の機会を捨てることにつながります。そして、読者から作り手への尊敬・信頼・畏怖の念を欠いたメディアは単なるPV至上主義に陥り、「クリックいくら?」の叩き売りになり、次第にビジネスとしても痩せ細っていきます。

この悪循環から脱する道は、読者から尊敬されるような、ベタに言えば「ナメられないような」存在に、メディア編集者がなっていくしかありません。「勘違い」や「傲慢《ごうまん》」に陥らずに、ギリギリのバランスを取りながら「俺は、私は、こう思う」的な熱き想いを読者に問い、畏怖させつつも、共感させることがその出発点となるでしょう。

エロ、グロ、バイオレンスな話題、セックス・スポーツ・スキャンダルの3Sの話題がPVを取れることは事実です。しかし、だからと言って、読者を見下さず、読者を尊敬し、読者からリスペクトされること。メディアがブランド化し、豊穣なメディアの生態系ができていくためには、このあやふやなバランスの中を関わる編集者やライターが、もがき続けることにしか、未来はないように思えてきます。

編集権の独立――高潔さがメディアの差別化要因

次に、メディアの信頼、ブランド力にも大きく影響を与える「編集権の独立」について考えていきたいと思います。ネット企業では、スーツ（ビジネスマン）とギーク（プログラマー）の緊張関係、対立関係が長く存在しますが、メディア企業においては、スーツ（ビジネスマン）とジャーナリスト&編集者との間で「編集権の独立」を巡る対立が百年戦争のように、くすぶり続けています。

さて、「編集権の独立」とは何でしょうか。ウィキペディアによると「編集権の独立」(Editorial Independence) とは次のように定義されます。

Editorial independence is the freedom of editors to make decisions without interference from the owners of a publication.

「出版物のオーナーから妨害されずに、編集者が意思決定できる自由」のことを指して「編集権の独立」というわけです。このままでは、まだまだ抽象的なので、具体例をいくつか挙げていきましょう。

編集権の独立を巡るゴタゴタは、商業メディアの歴史そのものです。過去にいくつもの生々しい人間ドラマが繰り広げられてきました。前半で取り上げた「テッククランチ」というシリコンバレーのスタートアップに関する専門メディアがあります。いまや大変な影響力を持つメディアであり、印刷系メディアとしての歴史背景を持たないメディアとしては、最高ランクの信頼感と権威、影響力を当該分野において得ているメディアと言っても過言ではないでしょう。

そんな「テッククランチ」が好意的に取り上げる企業やサービスには、「金の卵」的に有望なスタートアップが多く含まれます。「テッククランチ」が記事の中で「この会社は、次のグーグルだ、フェイスブックだ」と褒《ほ》めようものなら、試しに利用してみようとする先進ユーザーと、出資を希望するベンチャー・キャピタルと、入社希望の求職者がレジュメを手に押し寄せる…。「テッククランチ」は、まさに「予言の自己実現能力」を持ったメディアになっています。

さて「テッククランチ」のファウンダーであり編集長は、マイク・アリントンという人物でした。彼は2005年に「テッククランチ」を開設しました。歯に衣着《きぬ》せぬ鋭い論説と、テクノロジーの動向を見渡した深い洞察、そして、スタートアップ界隈の人脈への幅広い食い込みによって、「テッククランチ」はすぐにシリコンバレーでITスタートアップに勤務する人々やベンチャー・キャピタル関係者にとって必読のメディアとなりました。その後、2010年に、マイク・アリントンはAOLに「テッククランチ」を売却しましたが、引き続き編集長にとどまっていました。さて、AOL買収から1年が経とうとしているとき、次のような「内紛」が起こります。

「CrunchFund（クランチ・ファンド）」とアリントンの編集長解任に関して——我々の倫理基準に裏表はない。（Paul Carr 執筆　2011年9月7日に「テッククランチ」に掲載）

マイク・アリントンとAOLのCEO、ティム・アームストロングは「クランチ・ファンド」というベンチャーファンドを発足させることを発表した。「ニューヨークタイムズ」の記事によると、このファンドは「アリントンや『テッククランチ』の記者が書く対象を含むスタートアップに投資する」のだそうだ。これはまずい。さらにまずいことに、「テッククランチ」が取材対象に投資することはジャーナリズム上の倫理を疑わせることになるのではないかという批判に対してCEOのティム・アームストロングは火に油を注ぐような発言をした。彼はこう言うべきだった。

「『クランチ・ファンド』という名前——後知恵で考えれば最悪の命名だったが——ではあるものの、このファンドはマイク・アリントンが今まで継続してきたエンジェル投資活動の延長にすぎない。『テッククランチ』の編集者もライターも、このファンドから一切影響を受けることはなく、利害関係も持たない。『テッククランチ』の日々の編集業務には何の影響もなく、編集の独立は完全に維持されることは申すまでもない」

そう言ってくれればよかったのだが、彼が実際に言ったのはこうだった。「『テッククランチ』は別の組織だし、別の倫理基準がある。……我々は通常のジャーナリズムとしての倫理基準を守っているが、『テッククランチ』は例外だ」バカなことを言ってくれるな！

事件を大まかに、要約しましょう。AOLのCEOであるティム・アームストロングは、「テッククランチ」の影響力と、マイク・アリントンの人脈に目をつけ、「クランチ・ファンド」という投資ファンドを創設することでマイクと合意しました。「テッククランチ」が取り上げるような有望企業に対して、早い段階から投資をするというわけです。「テッククランチ」は「TechCrunch50」という形で有望な企業50社を選ぶようなプロジェクトもやっていましたから、ベンチャーファンドの創設というのは、ビジネス面では非常に有望なプロジェクトと思われました。

しかし、これにマイク以外の「テッククランチ」の記者たちから、前述の記事のような猛反発が巻き起こります。ジャーナリスト魂あふれる記者にしてみれば、「自分たちは、ファンドの投資先企業の業績を伸ばし、親会社に金銭的利益をもたらすために記事を書いているわけではない！」というわけです。そして、結局のところ、このゴタゴタの幕を引く形で、マイクは「テッククランチ」の編集長を辞任します。（余談ですが、この事件を生々しく社外の人間が知ることができたのは、編集長であるマイクと親会社のCEOであるティムの決定を公然と批判するような記事ですら、「テッククランチ」のサイト上に堂々と掲載されたためです。この内紛は「テッククランチ」にとって、大いなる失態ではあったと思いますが、少なくとも、その過程がこのようにして外部に透明化されたことを、私は大いに評価していますし、このことがあったお陰で、「テッククランチ」のメディアとしての信頼感は、決定的に損なわれずにすみました。）

さて、この「テッククランチ」を巡るゴタゴタのキモはなんでしょうか。「メディアは取材対象との間で、経済的な利害関係を持ってはならない」し、「特定の企業が経済的に利益を得るために、編集判断や原稿内容が左右されることがあってはならない」ということです。このことは、営利企業が主なメディア運営の担い手である現状においては、「キレイ事」に響くでしょう。しかし、薄っぺらい「建前」と思えるかもしれませんが、「編集権の独立」を軽視し踏みにじることは、長い目で見れば、決してメディア企業のビジネスにとっても得策ではありません。この矛盾や逆説を理解してもらいたいというのが、私の真の狙いです。

なるほど、メディアというのものが、経済的・法律的には送り手である企業の「所有物」であることは紛れもない現実です。しかし、そもそもメディアとは送り手と受け手をつなぐ「媒体・媒質」のことであり、受け手に影響を与えないメディアには存在意義はありません。それゆえ、送り手企業の経済的利益をはかることを第一の判断軸にして、メディア運営における編集判断がなされることは、必ずや、読者の離反を招き、結果的に送り手企業の所有物としての「企業価値」や「資産価値」も破壊してしまうことになるはずなのです。

大事な部分なので、マンガ的な架空の状況を用いて、丁寧に説明したいと思います。日本において、企業経営に大きな影響を与えるメディアに「日本経済新聞」がありますが、その日本経済新聞社の業績が悪化したとして、そこにつけ込んで、飛ぶ鳥を落とす勢いのネットビジネスの創業社長が、買収したとしましょう。買収の直後、その社長は、全ての記者を集めて、演壇からこのようにスピーチします。

「これからは、皆さんは、当グループの一員です。我々のグループの株価が上がり、お客さまが増えるような記事を大いに書いてください！　株価の上昇と売上拡大に貢献するような記事を書いた記者には人事査定で大いに評価し、昇進してもらいますし、給料も増やします！」

こんなスピーチをしたことが外部に漏れ、親会社を持ち上げる記事が実際に紙面に溢れれば、「日経新聞」をこれまで購読していた読者は必ずや幻滅し、その結果として広告主も離れ、結果的には販売収入と広告収入もダウンすること間違いなしでしょう。ついには、「日経新聞」の会社としての価値自体も破壊されてしまうのではないでしょうか。だから、マトモなメディア企業の経営者ならば、M&Aの直後でも「編集権の独立は尊重する。別に親会社の株価が下がるような記事でも、読者のためならば大いに結構だ。存分に書きたまえ！」と言い、少なくとも建前・ポーズの次元では、「編集権の独立」を尊重するように振る舞うことが、業界スタンダードです。そして、そのことを担保するために、一般的に平常時でも、編集長を筆頭に、編集系スタッフの人事権やレポートラインと広告部門とは分けられています。

ちなみに、私はライブドア事件が発生した当時、「livedoor ニュース」の責任者を務めていましたが、「ホリエモン絶体絶命！　逮捕まで秒読み」というような自社にとってのネガティブ記事、株価が下がるようなマイナス情報を、むしろ積極的にポータルサイトのトップページに掲載することを決めました。自社のスキャンダル記事を黙殺したり、隅のベタ記事ですませるような新聞社やメディア企業が多い中で、この方針を取ったことを、今でも誇らしく思っています。またビジネスジャッジとしても、その後、私が現在勤めるNHN Japan に買収されることとなった「livedoor」のメディア事業の価値向上に、多少は貢献できたのではないかと思っています。

これまで書いてきたような、非常にアナログで人間臭い事例以外にも、「編集権の独立」というものを、もう少し広く捉えることも可能です。例えば、アルゴリズムが「編集機能」を発揮する今日の状況では、「編集権の独立」は、編集者や記者だけが関わるものではなく、アルゴリズムを組み上げるプログラマーにも関わるものなのです。具体例をあげるならば、もしグーグルが自社にとって都合の悪い情報を検索結果から消去したり、競合相手であるフェイスブックやアップルという単語での検索結果を意図的に改変していたら、皆さんは、どう思うでしょうか？「世界最高品質の検索エンジン」としてのグーグルのブランドイメージは大きく傷つくのではないでしょうか。

私が知る限りでは、グーグルが、自社のオーガニックな検索結果を、政治権力や広告主などからの圧力に屈せず「高潔なものに保とう」と努力する姿勢やモラルのレベルは、かなり高いように思われます。（その傍証として、「天安門事件」といった単語での検索結果に関する中国政府との「妥協」を拒否して、中国市場から「追放」という事態すら招いたことなどが挙げられます。）

全ては読者のために

さて、広告ビジネスの観点から「編集権の独立」を見るとどうなるでしょうか。「編集権の独立」を振りかざして、広告主のネガティブな記事を書いたりする編集者や記者というのは、実に厄介な存在ですね。確かに、広告営業担当者やメディア企業経営者にとって、「編集権の独立」を尊重するというのは、なかなかに忍耐を必要とすることです。しかし、一見、矛盾するようですが、編集者や記者の「高潔さ」「独立性」もまた、大いにビジネス上で利用可能なリソースと言えるのではないか、と私は考えています。

今や、ネットの普及やデジタルメディアの技術革新により、大手の広告主であれば、いわゆる「オウンドメディア」を持つこと自体は非常に簡単になりました。これは、つまり広告主にとって「自分の言いたいことを、そのまま読者に伝えるだけ」ならば、「オウンドメディアで十分」という時代が到来していることを意味します。

しかし、「オウンドメディア」には、深刻な構造的欠陥が埋め込まれています。「編集権の独立」が担保されるような仕組みや組織風土が薄弱なところがほとんどではないでしょうか。つまり、オウンドメディアは、魂を欠き牙を抜かれたサラリーマン編集者が、下請けマインドで生ぬるい提灯《ちょうちん》記事ばかりを山盛り掲載していく三流メディアになってしまいがちなのです。

なるほど一般読者は、プロのメディア業界人から見たら、そこまで考えずに情報を受け取っているように見えるかもしれませんが、全体集合としての読者は、サラリーマン記者が魂を込めず投げやりに書いた記事や、ＰＲ記事ばかりが掲載されているメディアを無意識のうちに見抜き、「しょうもない三流メディア」と脳内で格付けしていくセンサーを、長期間においては、必ず働かせていくと私は確信しています。

先ほど、もし、日本経済新聞社を買収した会社の社長が記者に「当社の株価を上げる記事を書け」と命令したならば、一般人も含め、大笑いものだと書きました。しかし、こと広告主による「オウンドメディア」の話になった途端に、この架空の創業社長の発言を笑えないようなレベルのものが多くなってしまう現状があります。しかし、そのような状況だからこそ、本来のメディア企業においては、「編集権の独立」を強めて、読者のための記事を提供しないと、メディアとしての存在意義がなくなっていく…そんな状況が、この２０１０年代と言えるのではないでしょうか。

「編集権の独立」が担保された高潔で信頼感あふれるメディア。このようなメディアとしての編集上の高潔さ、信頼感を「Editorial Integrity」とも言いますが、この「高潔さ」は、一朝一夕《いっちょういっせき》に獲得することのできない価値です。そして、広告メニューには載っておらず、お金で買えないように見える価値だからこそ、プライスレスなオーラをまとって、ビジネス上の差別化要因となり得、高いマージンが保証されたメディアの基盤になると私は信じています。

さて、最後に釘を刺しておきたいのは、「編集権の独立」とは、「ジャーナリスト様」「カリスマ編集者様」が、ビジネスを統括する管理者に向かって、「俺らのやることに口を出すな」と自分たちの既得権や組織を守り、居直るための「盾」ではないということです。

あくまでも「読者やユーザーの利益のために、メディアの影響力が行使されること」を確保するためのルールであるべきです。つまり、「全ては読者のために」です。

「編集権の独立」を欠いたメディアというのは、信仰心のない教会や寺院のようなものです。しかし、教会や寺院が曇りのない「信仰心」だけでは維持できないように、メディアもまた、売上や利益を必要とします。そのような状況において「編集権の独立」とは、決して、額に入れて飾っておくようなものではなく、関わる一人ひとりが毎日の仕事の実際の現場で培《つちか》っていくしかないもの、極めて危ういバランスの中で、最終的には関わる人間たちの気構えや矜持によってしか維持されない、非常に壊れやすいものだと私は思っています。

自分自身の立ち位置が、編集だ、記者だ、広告担当だ、ということを離れ、プロのメディア業界人ならば、「編集権の独立」に自分はどう向き合うか？　常に頭の片隅で意識されてしかるべきテーマだと私は思っています。

第7章

メディアとテクノロジー

技術が進化しても記者の使命は変わらない…は間違い！

私は新聞や雑誌の編集者、記者、経営者など旧来のマスメディアの幹部の人たちと、今後のメディアのあり方について、話をさせてもらうことがしばしばあります。そういった印刷メディア業界に属するベテランの皆さんに「今後、メディア環境が激変していく中で、何が最も大事になっていくだろうか？」と問うと「いい記事を書き、作ることこそが記者、編集者の使命だ。これは技術が進化しても変わらない、不変の原点だ」という答がよく返ってきます。

私は、こういう発言を聞くたびに、いや、その気持ちはよくわかるし、別に「全く間違っている！」とまでは言わないのですが、回答としては１００点満点で50点程度の回答でしかないな、と感じます。なぜなら、この回答には「(配信) 技術はコンテンツに対して常に中立である」という前提を無意識に含めているように思うのですが、それはメディア論の観点では、ほぼ１００%間違っていると断言してもよい、誤った考えだからです。

メディア論の大家である、マクルーハンは、「メディアはメッセージである」と述べました。これは、「内容（メッセージ）ではなく、媒体・手段（メディア）そのものが人間の経験形式を規定する」ということであり、インターネットが到来する遥か以前から、メディアが変われば、メディア上に流布するメッセージ内容やコンテンツも変わらざるを得ないことは、この道のプロにとっては常識だったはずだと思います。

さて、そうした印刷メディア業界の重鎮たちに対し、「では、皆さんが出張で飛行機に乗るとき、紙のチケットを旅行代理店で買っていますか？」と聞くと、ほとんどの方が「いやいや、ネットで買ってます」と答えるわけです。出版業界には、電子書籍化や電子出版の普及で「活字文化はどうなる？」と騒ぐ人もいますが、同じ人が「ネット予約の普及で、旅行文化はどうなる？」と騒いだりはしないわけです。大部分の消費者からすれば、自分が困らなければ、供給者がどうなろうが興味がないのです。それがいいか悪いかの議論は脇に置いて、これがビジネスの現実なのです。

ＣＤ１枚が74分の理由

今から約30年ほど前、国内で初めてソニーからＣＤプレーヤー一号機が発売され、ＣＤ

ソフトの販売も始まりました。この件には、単に「ステレオ機器と音楽ソフトの流通形態にまつわる話」を超える深い意味合いがあります。技術とコンテンツの関係を考えるうえでの基本事例として、ぜひ皆さんの記憶に留めていただきたく思います。

音楽というものは、それ自体は手にとって触ったりできないものです。それゆえ、その内容を録音した物理的なパッケージ技術が、それを商品として流通させるために必要とされてきました。しかし、物理的なパッケージや録音形態が変わること、具体的には、「アナログ盤からＣＤへと変化すること」は、本来ならば、あくまでミュージシャンと聴き手をつなぐ「流通形態」、つまり音楽を届けるパイプの変化の話にすぎないはずです。

つまりアナログ盤からＣＤへという変化は、これをデリバリーフードに例えれば、宅配ピザ屋の配達手段が、自転車からスクーターに変化したようなもの、と言えなくもなかったはずなのです。ピザ屋の仕事にとってみれば、美味しいピザを作ることが仕事上の最重要の関心事であり、自転車で配達するか、スクーターで配達するか？　は、ピザ職人にとってもお客にとっても、それほど重要なことではないでしょう。この考えは、メディアの業界に根強く存在する考えとして先ほど紹介した、「（配信形態がどうであれ）メディアは、読者から信頼される高品質なコンテンツを作ることこそが使命である」という考えと相似形です。

さて、ここで雑学クイズです。CDの録音時間の上限は最大で74分なのですが、これがなぜ74分に決まったか、その理由を皆さんはご存知でしょうか？

CDはソニーとオランダのメーカーであるフィリップスが共同開発しました。その当時、クラシック音楽界で「帝王」と呼ばれた指揮者カラヤンは、「ベートーベンの交響曲第9番合唱付き（＝いわゆる第九、なぜか年末に演奏されるあの曲）を、CD1枚で通しで聴けるべきだ」とCDの開発エンジニアたちに要望し、これまた東京芸大の音楽学部出身という異色の経歴のソニー副社長（当時）、大賀氏がその意を汲み取って、最大74分と決めたというエピソードが真相として一般に流布されている説です。（私はDJにのめり込み、アナログ盤を数百枚も買い込んでいたモノ好きなので、事情は違いますが、今の30代以下の方は、自分でアナログ盤のレコードに針を落として音楽を聞くという経験をほとんどしたことのない世代だと思います。以降、重要な部分なので、少し解説します。）

それまで、アナログ盤での「第九」は2枚組のレコードで売られており、1枚目のA面に第1楽章（約15分）、B面に第2楽章（約13分）、2枚目のA面に第3楽章（約15分）、B面に第4楽章（約25分）が録音されていたそうです。そして、アナログ盤は片面ずつに音楽が収録されているので、当たり前ですが、楽章が終わるごとにレコード盤を「ひっくり返す」、そして1枚目から2枚目に移行するときには、レコード盤を入れ替えるという手間が必ず発生します。これでは、せっかく目を閉じて音楽の世界にのめり込んでいても、いちいち興ざめしてしまいますね。なるほど、「第九」をリスナーが何もせずに通しで聞けるように、という名指揮者カラヤンからのCD開発陣への要望は、さすがに本来の聞き手心理にかなったものでもありました。

当たり前ですが、ベートーベンが、CD1枚の容量に収まるように…と、「第九」を74分間の長さで作曲したのではありません。「第九」が74分間だったから、CD1枚の容量がそれを収録できるように、と決められたのです。やはり技術は手段にすぎず、ベートーベンに代表されるクリエイター（つまりコンテンツの作り手）は、技術的な制約の都合など全く考える必要はないのですよ!!　メデタシ、メデタシ、と言いたいところなのですが、現実にその後起こったことは、やや違いました。CDの発売から約10年、90年代前半は安価な再生プレーヤーとしてのCDラジカセなどの普及と、カラオケブームでの練習需要ということもあって、日本の音楽業界が、産業として最盛期を迎えました。そして、この時点では、すでに国内で流通する大部分の音楽ソフトはCD形態になっていました。

音楽流通は、好きなものだけ食べる「回転寿司」スタイルへ

さてさて、CD普及後の音楽業界に起こった大きな変化とは、なんでしょうか？ それはCD化に歩調を合わせるように進んだ「サビ頭の曲の増加」でした。それまでは、ポップソングの曲構成の定番パターンは、Aメロ⇒Bメロ⇒サビ（Cメロ）という構成が一般的でした。通常、一番盛り上がる曲の聴かせどころが、いわゆるサビ（Cメロ）です。テレビCMなどとタイアップしたときには、ほとんどの場合、サビのフレーズがCM内で使われます。

ところが、CD中心の音楽流通になるに従い、サビがいきなり曲のアタマに来る構成をとったポップソングが激増したのです。なぜでしょうか？ アナログ盤がCDへと変化したことによる、聞き手にとっての大きな変化は、曲単位でのスキップ・頭出しが圧倒的に容易になったことでした。アナログプレイヤーでレコード盤を聞いたことのある方は容易

に理解していただけると思いますが、曲の頭から正確に聞けるようにぴったりと針を落とすのは、ビニールの板に年輪のように刻まれた溝を目で読み、針で突くという、至難のワザでした。ところが、CDになり、リモコンのボタン一つで曲と曲との間が、瞬時に飛ばせるようになってしまったのです。

つまりアナログ盤時代には、一度、針を落としたら後は「腰を落ち着けてじっくり聞く」しかなかった音楽リスニングのスタイルが、音源がCDになることで「リモコン片手に、自分の聞きたいところだけを、つまみ食いするように聞く」というスタイルに変化してしまったのです。リモコンで、アルバムに収められた曲をスキップして頭出ししながら聞いていくときには、サビが曲の頭に来ていないと、「CMで（サビを）聞いたアノ曲はどれだっけ？」というように、聞き手にとっては非常に面倒です。それゆえに、CD内に付けられた索引インデックスのように、サビがド頭に来る曲構成が非常に一般的になりました。（いわゆるWANDSやZARDのようなビーイング系アーティストがその典型です。またサビの歌詞の言葉を、そのまま曲名タイトルに盛り込む、という手法も一般化しました。これも、カラオケで歌われやすくするためには、曲のタイトルを覚えやすくしておかないといけない、というニーズから発生したものです。）

イントロから徐々に盛り上げていってサビで聞き手を感動させたい！　というミュージシャンの思いは、CDになり「リモコンによるスキップ再生」という機能が付いたことで、「時代遅れの古風なこだわり」になってしまったのかもしれません。おそらくCDの仕様決定に携わった開発陣は、ボタン一つで次の曲をスキップ再生、という機能を盛り込むことが、ポップソングや音楽アルバムの構成にここまでの変化をもたらすとは予測していなかったでしょう。

さらにもう一つ、CDになって大きく変わったこととして、聞き手にとってはアルバム単位での一体感や曲順は、ある意味では、「どうでもいいこと」になりました。アナログ盤のときには、ミュージシャンにしてみれば、シングルカットに向くような「受けやすい曲」を盛り込みつつ、やや実験的な曲をその合間に盛り込んでいっても、あたかも映画のように、アルバムを最初から最後まで「通し」で聞いてもらえることを期待できました。

しかしCDになってからは、リスナーにとってすぐにピンとこない曲は、「なんだ？この捨て曲は？」とボタン一つで瞬時に飛ばされてオシマイ、になってしまい、アルバム全体での作品性へのこだわり、というものも薄れてしまったように思います。（このことがいわゆるベスト盤ブームの底流でもあります。）

当たり前ですが、すでに故人のベートーベンではなく、現代を生き、アウトプットに商業性も求められるクリエイターにとっては、技術環境の変化は、単なる下部構造、流通の問題だ、と切って捨てるわけにはいきませんでした。冒頭で紹介した例に戻って言うならば、アナログ盤からＣＤへという流通形態の変化は、宅配ピザの配達手段が自転車からスクーターへ変わったという類《たぐい》の変化ではありませんでした。音楽の消費スタイルを寿司に例えるならば、頑固にネタにこだわる昔気質《むかしかたぎ》の寿司職人がカウンター越しに客と向きあいながらオススメコースを食べさせるような寿司屋から、客が勝手に、自分が食べたいものを好きなだけ食べる回転寿司へ…、というような単に流通の問題だけでない、利用スタイルそのものの質的な変化までもたらしたのです。

メディア消費にも影響を及ぼすアーキテクチャの支配

アナログ盤からＣＤへの変化に象徴される、ユーザー主権的なノンリニア化（つまり、前後の文脈に関係なく、コンテンツの受け手がコンテンツ内を自由かつ瞬時にスキップして移動すること）は、今のあらゆるメディア消費の変化の底流にあるものです。現状のネットビジネスにおいても検索エンジン、スマートフォン、ソーシャルメディアという3点セットの浸透と普及は、全てのメディアを断片的なものに切り刻み、コンテンツは、その作り手側が想定した文脈などは無視して、好き勝手に、ユーザーから「つまみ食い」されるものへと変化していくことを要求してきます。特に、この10年ほど、文章などのテキストの閲覧消費の主戦場がネット上に変わったことによって、もたらされた大きな変化として「タイトル・見出し」の重要性が決定的になったことが挙げられます。

例えば、かつてなら「anan」のような女性誌において、「夏の恋」に破れ打ちひしがれた女性向けに、秋を迎えて、「さあ元気になろう！」というような特集が掲載されるとするならば、そのタイトル見出しは

「一夏《ひとなつ》の花火よ、サヨウナラ！　深まる秋に心を磨く」

というような見出しになるのかもしれません。

しかし、ウェブ上でPVを稼ぐように最適化された見出しを付けると

「夏の失恋から回復するための自分磨きの方法１００」

とでもなるのでしょうか。なんだか説明的で文学的情緒がないですね…。しかし「夏」、「失恋」、「回復」、「自分磨き」「方法」というようなワードでの検索結果に表示されるため、あるいはソーシャルメディア上での拡散からサイトを訪問してもらうためには、前後の文脈を省いても、内容に興味を持ってもらうために、「見出し」はどんどん説明的にならざるを得ないのです。

その意味では、SEOの重要性などは、純粋に技術的なレイヤーの話に留まりませんし、「グーグルが、文章の文体や構成そのものまでも変えている」とも言えます。デジタル化（＝つまりはノンリニア化）によって、メディア消費は全体として、どんどん、即物的で刹那《せつな》的で断片的なものへと変化していっています。しかし、プロのメディア人として、このこと自体を嘆いていても仕方がありません。海に出た漁師が天候の変化に歯向かうようなものです。

技術が規定する環境を指し示す言葉として、「アーキテクチャ」という言葉があります。通常は、「建築」を意味する言葉ですが、単に物理的な建物やビルを指すだけでなく、本来的には日本語で言うと、「環境設計」というような意味までを含む言葉です。

そして、人間の行動に影響を与える方法論として「アーキテクチャによる支配」という考え方があります。ここでも、またケーススタディです。あなたが、大学近くのカフェの店長だったとしましょう。一部の大学生のグループ客が長居をしてダべり、席の回転率が下がっているせいで、本来、昼食を取るべき他のお客たちからクレームが入っています。さて、どんな対応が考えられるでしょうか。「食事を終えたら、速やかにお帰りください」と張り紙をする、カラオケボックスのように時間制限制にして超過した場合には延長料金を取る、など様々な手が考えられるのですが、一番、カドが立たずに、有効に客の回転率を上げる手段は、外食業界では「椅子を高くする」ことだとされています。

つまり、外食業界では、食事をするときに座る椅子の高低と客の回転率は見事に比例するのです。チェーンの牛丼屋が典型ですが、椅子の高いカウンター席は、つまりは「食べたらさっさと帰ってね」という店からの無言のメッセージなのです。しかも、ほとんどの人間は、高い椅子に座ると「食べたらさっさと帰れ」と言われたわけでもないのに、食べ終わると自発的に帰ります。この無意識の行動への影響こそが、「アーキテクチャによる支配」の特長です。

そして、これと同じように、メディア消費においても「アーキテクチャによる支配」をユーザーは強く受けているのです。アナログ盤からCDへの変化は音楽リスナーに「好きなフレーズや曲だけつまんで、繰り返し聞いてね」という意図せざる？　無言のメッセージをもたらしました。（そして、これはCDからiTunesのような曲単位でのダウンロード販売へという変化で、ますます加速しています。）あるいは新聞・雑誌のような紙メディアから、PCへ、ウェブへ、スマートフォンへというトレンドも、同様に、これまでとは異なる無言のメッセージを多数のユーザーに届けています。

当然のことながら、同じ天丼屋でも、お客さんが食事をする「アーキテクチャ」が、和室に掘りゴタツで食べる場合と、ハイチェアのカウンター席で食べる場合を想定するのとでは、天丼それ自体の中身も変化せざるを得ないことは容易におわかりいただけるでしょう。

プロの料理人ならば、店は汚くても、立地は悪くても「うまい料理を丹精込めて作ればイイ」と居直る人はまずいません。お客さんが「どんな席でどのように食べられるか」に必ず注意を払います。それと同じように、メディアの作り手もプロとして、どのような技術環境を通じて、どのようなＴＰＯで（例えば、通勤電車の中？　寝る前に個室で？　会社のデスクで？）、自分の作っている、関わっているメディアが利用され、消費されているのか、今後されていくようになるのか？　に最大限の注意を払い続けるべきだと私は思っています。物理的に目に見える「カウンターの椅子」と違って、デバイス環境がめまぐるしく変化する現状のメディア業界においては、そういう気構えを強く持っていないと、いつのまにか、時代に追いていかれた「路地裏の店」になってしまいかねませんから。

この項で、私が言いたかったことをまとめます。配信技術や閲覧デバイスの環境はコンテンツに対し、無色透明なパイプでは決してあり得ません。環境（アーキテクチャ）の変化がユーザーに対し、どのようなベクトルを、無言かつ暗黙のうちに与えるのかについての洞察、このことは今後のメディア編集者にとって決定的に重要なスキルの一つであると私は確信しています。

皆さん、新しいメディアが出てくるたびに、「このメディア上では、ユーザーはどのような無言のメッセージをアーキテクチャから受け取るのだろうか？」と自問自答をし続けましょう。

出版は「パブリッシュ」の一手段にすぎない

コンテンツはアーキテクチャから受ける影響に無関係ではいられません。ですからメディアに関わる人たちは、常に時代の変化に対応しながら、自分たちの使命を果たし続けなければ、連綿と続くメディアの継続性を担保することはできません。つまり、ヴィスコンティの映画「山猫」に出てくる有名なセリフのように「変わらずに生きてゆくためには、変わらねばならない」のです。では、あなたが携わるメディアの「変わらない使命」とは何なのでしょうか？

私は、メディア事業において、特に紙の新聞や雑誌を印刷し発行することは、あくまで情報を流通させる「手段」にすぎず、いかに自分たちのメディア企業としてのアウトプットを「パブリック」にし、読み手との間に有効なコミュニケーションを成立させていくか？ということこそがメディア企業の本来の使命であり、存在意義だと思います。

そもそも、パブリッシュ（publish）の語源とは、パブリック（public）にする、ということです。（ish は英語において動詞及び形容詞を作る接尾辞。）「パブリックにすること」＝パブリッシュならば、誰もが読めるブログ上に記事を書くことも、本来的な意味でのパブリッシュと言えるし、ユーストリームでしゃべることも、ツイッターでつぶやくことも、パブリッシャーにとっては、邪道ではなく、本来的な意味で、「パブリッシュ」の本流とすら言えるわけです。ここまで、本源的な上位レイヤーにおいて初めて「パブリッシュ」

はテクノロジーから「中立」たり得るのです。「社会に広く公開される」状態がもたらされればパブリッシュなのですから。

日本語にすると「版を出す」と書いて「出版」なので、紙のメディアを印刷することが、無意識の前提になってしまっていますが、この「パブリッシュ」という言葉の語源を知り、自らを「パブリッシャー」と自己規定する英米のメディア企業と、日本の「出版社」との認識の相違について、ベースボールと野球の違いのように、深く腑に落ちる思いがありました。

馬具メーカーであることをやめたエルメス

さて、ここで話題にしたいのは女性なら誰もがそのバッグを欲しがるエルメスというブランド企業です。エルメスも実に興味深い会社なのですが、そのロゴをよく見ると、描かれているのは馬車です。元々は、エルメスはヨーロッパの富裕な貴族層向けに馬具の革細工を作っていた会社ですから、ロゴに、その名残りがあるのです（写真左）。

さて、今から100年前にエルメスに何が起こったか？　自動車が普及する時代を迎え、

写真提供:共同通信社

馬車に乗る人は激減していくわけです。そこで、エルメスは自社のコア・コンピタンス(「自社ならでは」の競争優位の源泉)を、最高品質の旅行用革製品を作ることと再定義し、「自分たちは何屋なのか?」という問いに対して「馬具メーカーである」と答えることをやめたのです。

つまり、自分たちのコア・コンピタンスを一度、抽象化させたうえで再定義し、馬車から自動車へという技術環境の変化に、見事に対応したわけです。私はこういう発想こそが、21世紀初頭の今こそ新聞社や出版社に、必要だと思います。自分たちのことを「馬具メーカー」だと自己規定していたならば、今日のエルメスは決してあり得ませんでした。こういった根本的な発想転換をしながら、なおかつ不易流行《ふえきりゅうこう》を見極める精神がなければ、出版社や新聞社は、おそらくレコード針のメーカーのように、徐々にですが、確実に衰退の道を歩んでいくのだろう、と思います。

環境変化が激しい時代だからこそ、「自分たちは何屋なのか?」「自分たちだからこそ、社会や顧客に提供できる本質的な価値とは何か?」このことを常に自問自答し続けなければなりません。例えば、なぜ多くの雑誌が、月に1回の発行なのか? そもそもゼロベースで考えると根拠は薄弱です。新聞ならば「なぜ、一面の次は政治面なの?」「株価欄はまだ必要なの?」と次々に疑問が沸き上がってきます。今こそ、これまでの社会環境では、たまたまそれが最適であるというだけであった「お約束事」を見直し、ゼロベースで考えて、本質的な意味が今なお存在するのか、よくよく見つめ直す必要があります。

発行頻度について興味深い事例を紹介しましょう。文藝春秋のスポーツ雑誌に「ナンバー」があります。日本を代表するスポーツ雑誌と言ってもいいでしょう。「ナンバー」について私が感心したのは、普段は隔週刊なのに、ワールドカップの期間中は発行頻度を週刊に増やしていたことです。普通に考えて、出版社が発行頻度を変えるのは逆立ちするくらいに大変なことです。いつもの倍働け! と言うに等しい。でも自分たちのミッションを考えた時、それは世界最先端のスポーツを伝えることであり、それに照らして、ワールドカップの時に通常通りの発行頻度でいいのだろうか？　と自問自答したのでしょう。そして、編集部の皆さんも「徹夜してでも、寝ないでやりまっせ！　4年に1度の祭りですから！」と労務問題がどうのとか言わずに一致団結したのではないでしょうか。何気ないことですが、そういう決断をさらりとしている「ナンバー」の姿勢は、私は評価に値すると思います。現在のメディア状況では、「そもそも、自分たちはなぜ、このメディアを運営するのか？」という、もともとあるミッション・使命に忠実であろう、というスピリットが決定的に重要になっていますから。

そのような「純度」の高い思い、「使命に殉ずる情熱」こそが、紙だろうが、ウェブだろうが、ソーシャルメディアだろうが、メディアの形態に関係なく、もっとも速く幅広く受け手の心に響き、社会に伝播《でんぱ》していくものだからです。

第8章

劇的に変わるメディアとメディア・ビジネス

デジタルが街の形をも変え始めている

前章までで、デバイス環境がめまぐるしく変化するメディア業界の現状について、またその状況でテクノロジーはコンテンツに対し中立ではないのだということを説明してきました。このテクノロジーが与える環境（アーキテクチャ）への変化は、いま私たちの日常の中でよりドラスティックに起こり始めています。その象徴的な例が、ＨＭＶ渋谷店の閉店です。大学生の頃に音楽好きで渋谷を常にウロウロしていた私としては、これを非常に象徴的な出来事だと思っています。

アメリカでT型フォードが発売になり、本格的に自動車社会、つまりはモータリゼーション時代が始まったのは、１９１０～20年でしょう。しかし、実に興味深いのは、モータリゼーションとワンセットのようなものであるドライブスルーが登場し出したのは、アメリカですら戦後になってからなのです。

今になってしまえば、自動車の普及と、ドライブスルーや、郊外型のロードサイドの大型ショッピングモールというのは、ワンセットの事象になっていますが、実はモータリゼーションが始まってから、ドライブスルーやロードサイド型ショッピングモールのビジネスとしての可能性に皆が気づくまで、数十年の時間が必要だったのです。

目まぐるしい表層的な移り変わりと、ゆっくりではあるけれど、確実に変わっている底流のようなもの…様々な変化のスピードを持った見えない地層が重奏的に、ミルフィーユのように重なりあって社会全体が日々、営まれています。

例えば「都市構造」のようなものは、ヨーロッパの街並みのように極端にゆっくりしか変わらなかったりしますし、世界中どこでも、そんなに急激に変わったりはしません。しかし、アメリカで「モノづくり」が死滅し、デトロイトが荒廃したように、社会や技術環境の変化は確実に都市の構成も変えていきます。

今やHMV渋谷がなくなった、さらに書店も、大型・零細を問わず、どんどん消えていっています。インターネットの普及開始からほぼ15年の時を経て、いよいよデジタルメディア技術が、「街の形」を変え始めているということだと私は、考えています。自動車という技術が、郊外型のベッドタウンやショッピングモールというものを産み出したように、IT技術やソーシャルメディア、スマートフォンの普及が、都市の骨格を変え、ひいては不動産価格や街の景観、ライフスタイルや働き方、企業の組織構造にもゆっくりではあるものの確実に影響を与えていくでしょう。

ドリルを買いに来たお客さんは、本当は何を求めているのか？

マーケティングの世界に「ドリルを買いに来たお客さんは、何を求めていると思いますか？」という有名な質問があります。「ドリルそのものではなく、ドリルによって空けられる穴を求めている」という答が一般的な正解になります。しかし、この質問は実は大変に奥深く、消費者の立場にたってどこまでも掘り下げることができるものです。

新聞社の人に同じように、新聞を購読しているお客さんは、何を求めていると思いますか？　と聞くと「新聞を読むのが、習慣だから」など、まともな答が返ってこない。ドリルは穴を空けるという利用価値を提供しますが、新聞に対して、購読者はどういった価値が提供されることを期待しているのでしょうか？

例えば私が、ホームセンターで働いていたとして、夏休みの最終日の夕方、お父さんと息子がドリルを買いに来たら、このお父さんは、息子の夏休みの工作を手伝っているのかもしれない、と想像することも可能です。きっとお父さんは会社人間っぽい雰囲気で、父と息子の溝を埋めることを目的に息子の工作を手伝っているのかもしれません。それなら本当に求めている価値とは、親子の触れ合いの時間や思い出かもしれないから、野球のバットとグローブをドリルと合わせてクロスセル提案できるかも？　とまで考えたりすることもできるわけです。

高度成長期に分譲販売が進んだ、一戸建て中心の閑静な住宅街の近くにあるホームセンターに、60代の男性がドリルを買いに来たとするならば、トイレのドアの蝶番《ちょうつがい》が壊れてその修理をするためにドリルを買いに来たのかもしれないし、それなら蝶番だけを直すのではなく、そろそろ古くなり、子供も独立して無駄に広すぎる家全体の間取りを見直すリフォームの提案までできるかもしれない。

より高い次元で消費者の求める提供価値を再定義し、根本のニーズに立ち戻っていくことこそが必要です。そこでは、前の章で説明したエルメスが「自分たちは何屋なのか？」という問いに対して「馬具メーカーである」と答えることをやめたのと同じことが求められているのです。

新聞を買うのは社会人としての習慣だから、週刊誌は駅で買うものだから…。それを当然と思ってメディアを運営しているようでは、創造的に頭脳労働をしていることには全くなりません。当たり前を常に疑い、消費者のニーズを、あるいは自分たちの本来的なミッションを、これまでのしがらみを脇において、常にゼロベースで考えつづけることが必要です。

主導権は受け手へ――崩壊した「月9」の概念

今や、コミュニケーションの主導権、つまりコンテンツの編成権や編集権の所在は完全に受け手にシフトしつつあります。たとえば、「月9」という概念も、ほぼなくなりました。「今度の月9のヒロインは誰々で～～」なんて会話も聞かなくなりました。それは「月曜の夜9時に、テレビの前でドラマを見る」という視聴スタイル自体が廃《すた》れつつあるからです。テレビ局では、タイムテーブルを考えるために、編成のえらい人たちが何度も打合せするわけですが、今やHDDレコーダーのお陰で、番組表の編成に関係なく、いつ何を見るかは視聴者の自由になりつつあります。HDDレコーダーの普及で、つまらないCMもガンガン飛ばされるようになりました。いまや、サッカーの代表戦などのスポーツ中継とニュースしか、リアルタイムでテレビを見る意味がなくなってきています。

さらに今は誰でもが、メディアの送り手にもなれます。モバイル×クラウド化のトレンドは、スマートフォンを持った一般人を記者化させ、送り手の多様化を加速させます。プロはますます差別化しにくくなっている状況なわけです。例えば、ニューヨークのハドソン川に飛行機が不時着した際、一般の人たちがスマートフォンとSNSで現場の様子をライブで発信しました。文章がうまいとか、写真が綺麗だとかよりも、「現場に近いこと」、「当事者に近いこと」のほうが、ジャーナリズムにおいてもずっと有利に働くケースが存在します。これではプロの記者もお手上げですね。

送り手の多様化に伴い、新しい運営形態のメディアが、どんどん出てきています。「みんなの経済新聞ネットワーク」、「ディマンドメディア」など、私が注目すべきと思う事例から、そのごく一部を紹介します。

そもそも、ローカルニュースの主な担い手である地方紙が都道府県ごとに区切られている、というのは供給者側の勝手な都合にすぎません。都道府県という区切りと普段の生活圏のサイズとは、実際にはかけ離れています。その間隙《かんげき》をついて、旧来の新聞記者にとっては、全くニュースとは思えないような、飲食店やファッションビルなどのタウン情報を、これまでの地方紙よりもずっと、実際の生活圏、商圏に近い単位で紹介しているのが、「シブヤ経済新聞」を第一号として、今や、全国にフランチャイズ媒体を持つようになった「みんなの経済新聞ネットワーク」です。

ジャーナリストという人たちは、これまでは自分が取り上げるべきと思うアジェンダを自ら設定して報道すべきとされてきましたが、米国の新興メディア会社であり、2011年にIPOを行った「ディマンドメディア」は検索エンジンの急上昇ワードをアルゴリズムで察知し、その単語に関連した記事を、かかえているフリーランスのライターに、随時発注していきます。（なんと1日に6000本の記事がこうやって発注されます。）

そして、記事ができたら、SEO技術を駆使し、その単語で検索結果上位に記事を表示させたり、他社サイトに記事をシンジケーション提供することで読者を獲得します。まさに、オンディマンドに記事を作り、読者の情報ニーズに応えていくわけです。ジャーナリストの問題意識が先にあって、きちんと取材をし、その結末をアジェンダにしていくという、これまでのジャーナリズムにおける記事の作り方とは真逆です。さすがに、「ディマンドメディア」は、アメリカですら旧来のジャーナリズム界からは、蛇蝎《だかつ》のごとく嫌われているそうです。が、検索エンジン経由で「ディマンドメディア」の記事に辿りつくユーザーの多くにとっては「そんなの関係ねえ」といったところではないでしょうか。

「シブヤ経済新聞」や「ディマンドメディア」のような新しいニュースメディアが出てきたときには、「そんなもの、ジャーナリズムではない」という議論がよく出てきます。しかし、私に言わせれば、これは寿司職人が「回転寿司なんて寿司じゃないね」と言っているレベルの議論にすぎません。消費者が、寿司業界の内側の「あれは寿司じゃない」と同業者の足を引っ張るような内輪揉めの議論に、興味を持つはずがありません。自分の食べたいネタの寿司を食べたいだけ、気兼ねせずにリーズナブルな値段で食べられるか？　そのことこそが重要なわけです。

これまで一般人は筑紫哲也さんみたいな人が、「これが旬のニュースです」と、いわば板長オススメお任せコースで出してきた寿司を、有難がって食べるしか選択肢がありませんでした。そして「ひたすらかっぱ巻きが食べたい」とか、「トロだけを延々と食べたい」と注文したら、この客は寿司のことが分かってないなんて思われるから、恥ずかしくてお寿司屋さんでは、自分のニーズを正直に言えなかったというような状況でした。

しかし、ネットがニュースの主要なチャネルになった現在「おれはAKB48のニュース記事だけを見ていたい」という人は、ひたすらAKBだけを気兼ねなく見ていられるようになったわけです。寿司職人が「回転寿司なんて、寿司じゃねえ」と言ったところで、「いや、でも僕はそれでいいんです」と言われてしまうのが今の時代。食べたいものを食べたいだけ、好きな時に好きなだけ食べられればいい、変に気を利かせたオススメコースは不要！と言われてしまう、そんな時代が、ニュース報道にもやってきました。

ハーバードビジネススクールのクレイトン・クリステンセン教授が提唱する「イノベーションのジレンマ」的な状況において、エスタブリッシュメント側が、破壊的な技術革新に遭遇すると「あんなの本物の○○ではない。あんなのはオモチャだ」という反応が初期段階で噴出するのは、様々な業界で繰り返されてきたよくある「お約束」の「ボケ戯言《ざれごと》」のようです。新規サービスに対して、「こんなの本物の○○ではない。オモチャだ」と言いたくなったら、自分の脳味噌が陳腐化しており、自分自身が「抵抗勢力」の「守旧派」になっていることを疑いましょう。

アンバンドリングとリワイヤリング

これまで新聞というものは全てがパッケージ化されていました。博報堂から朝日新聞社に出向し、「SEVEN」という斬新なパッケージで若い読者向けの新型新聞を立ち上げた嶋浩一郎さん（現在は博報堂ケトル、代表取締役社長 共同ＣＥＯ）に聞いた話ですが、朝日新聞社には、社内に社員用の大浴場があるそうです。記者と一緒に、職工さんもお風呂に入っています。新聞社は、印刷工程まで、すべて自前で抱えています。夜勤明けの新聞記者と印刷作業明けで、インクで汚れたカラダを流すための印刷工が、一緒にお風呂に入ったりする、牧歌的な情景が想像されますね。ちなみに、記者だけでなく印刷工も、新聞社の正社員だったりします。つまり、新聞社はアジェンダ設定・解説、事実の記録・伝達、用紙手配・印刷、配達・代金回収まで、すべてをまとめてパッケージにして自社の影響下に抱えていた。組織として自己完結していたわけです。

それが、今はアジェンダ設定・解説はソーシャルメディアが、事実の記録・伝達は通信社や一般個人が、配達・代金回収はアップルやアマゾンが、用紙・印刷はスマートフォンや携帯電話がそれぞれの機能別に担当し、「抱き合わせ販売」されていたものが機能別にバラ売りされる、アンバンドリングが進展しています。

つまり、これまで自己完結していた新聞社のビジネスが、レイヤーごとに切り刻まれる圧力を受けつつあるということです。そんな状況で、特に旧来型の大メディア企業に今、突きつけられているのは、プラットフォーマーになるのか、プレイヤーに徹するのか？という重い選択です。

「ギャング・オブ・4」は立ち向かわずに利用する

グーグルの元CEOであるエリック・シュミットがD9というカンファレンスで、グローバルにネット上で、神のごとき影響力を持てる「プラットフォーマー」となりうるのは、グーグル、アマゾン、アップル、フェイスブックの4社であり、この4社にプラットフォームは集約されるだろう、と話しました。（マイクロソフト、ヤフーですらこの4社に入っていません。）この4社は、莫大な個人データを蓄積し、保持しているし、特にアップル、アマゾンの2社は数億人レベルで、クレジットカード番号までおさえています。

これ以外の企業はプラットフォーマーには、もはやなれない可能性が高い、それがエリック・シュミットの見立てなわけです。ヤフーやマイクロソフトですらなれないのですから、日経新聞や朝日新聞クラスの新聞社ではどれだけ社を上げてユーザーIDを集めようが、言わずもがな…です。しかし、真っ向からこのプラットフォーマーに戦いを挑むと厳しいですが、うまく利用すれば、持たざる者にとっての無限のパワーが秘められてもいます。

大手マスメディアの「日経新聞」だろうと、「フジテレビ」だろうと、ユーチューブ、ユーストリームでアカウントを持つときは、一個人や昨日できたばかりのようなベンチャー企業とも差別されずに、平等かつフラットに扱ってくれるという思想で、インフラのアーキテクチャができているわけです。

例えば、昔からフリーマガジンやミニコミみたいなものがありましたが、いいものをつくってもお金がなくなったら、ある一定部数以上は刷れなくなりますし、配布できる地域には当然のことながら、限りがあります。しかし、クラウドベースのインフラを活用して情報を配信していくなら、「これ以上は印刷代が捻出できないので作れません」ということがない。イニシャル投資は、ほぼゼロで、ほとんど無限にコンテンツを拡散させていくことができます。

これまでは、さまざまなビジネス上の生態系をもとに産業の垣根ができていたわけですが、クラウドのインフラ上では、あらゆる境界線が溶けてなくなりつつあります。そんな状況では、メディア企業と事業会社や広告主の境界線も消失しつつあります。今や、広告主も自前でメディアを持てるようになっていますから。さらに、プロとアマチュアの境界線も、例えば、大学と書店とコンサルティング会社とビジネス・カンファレンス業と、専門出版社の境目すら消えつつあるわけです。「知識を売る」という意味では、大学も書店も、コンサルティング会社も全てフラットに同一平面上に並ぶわけです。

しかし、このように全ての企業や組織が、アンバンドリングされ、バラバラに断片化されていくと、その全てを最適に選び、組み合わせ、使い分けることがまた、大変になってきます。私は、これから数年は、アンバンドリングが進むと思いますが、これはスカートの丈の流行のようなもので、ある程度進むと必ず、別の揺り戻しが来るとも思っています。

そして、徹底的にアンバンドリングが進んだ後には、これまでとは違ったメディア環境が広がり、アンバンドルされたものがまた別の視点からパッケージングされ、リワイヤリングされているのではないでしょうか？　その際の主役となるプレーヤーは誰でしょうか？　私の仮説では、それは「個人」です。さて、最終章では個人が読み手と書き手の両面において主役となる個人メディアについて書きたいと思います。

第9章

拡大する、個人型メディアの影響力とこれから

津田大介、ホリエモン…「お布施型」メディアが流行る理由

さて、これまで、メディアについて様々な角度から語ってきました。私は主に、チームや組織で、一つの「ブランド」が付いたメディア（例えば「日経新聞」や「VOGUE」）を編集し運営することを主に想定して、本書を書いてきましたが、最終章であるこの章では、これからのメディアの大きな流れである「個人化」のトレンドについて書きたいと思います。

ここ数年の日本国内の出版・メディア界を見渡して、さんざん言われてきた言葉が「電子書籍元年」「電子出版元年」です。２０１０年ごろから毎年「今年こそ電子書籍元年」的な煽《あお》りがありました。しかし、本稿を書いている２０１２年9月現在、話題になっているのは、楽天koboのハードやソフトの不具合と、「8月末までに6万冊」のコンテンツを揃えると三木谷社長が公約したにも関わらず、その達成状況については、大きな疑問符がつく惨状です。「黒船襲来」と長く騒がれているアマゾンのキンドルは、おそらくコンテンツが揃わず、顧客の満足が保てないと判断しているのか、なかなか襲来しません。

しかし、「広告モデル」だけに頼ったネットメディア運営に全般的な行き詰まりが見ら

れる中、ゲームや音楽といったエンタメ領域以外でも、デジタルメディア上での「課金モデル」が成立するかどうか、が今後のメディア業界にとって大きな論点であることは間違いありません。そして、私は、ゲームや音楽、動画などではない、言ってしまえば「単なるテキスト」中心の「デジタル・コンテンツ」に対し、お金を払うという文化が浸透していくのかどうかと、「電子書籍」「電子出版」の動きには注目をしてきました。しかし、これまでのところは、「大山鳴動して鼠一匹」に近い状況のようです。

そんな中で、相対的に成功をしているのが、堀江貴文氏や佐々木俊尚氏、津田大介氏、山本一郎氏、高城剛《つよし》氏らの個人から発信される有料の個人メルマガです。そのことに呼応してか、この2012年の8月から9月において、主に有料メルマガの発行者や有力ブロガーに課金機会を提供するプラットフォームとしてニコニコ動画の「ブロマガ」のローンチ発表や、250万部を超える大ヒットとなった「もしドラ」の担当編集者であった加藤貞顕《さだあき》氏の手がける有料コンテンツ配信サイト「cakes（ケイクス）」（ちなみに私も連載を持っています）、元中央公論新社の井之上達矢氏が手がける有料メルマガ・プラットフォーム「夜間飛行」のローンチといった動きが相次ぎ、メディア・ビジネスにとっても「次」を考えるうえで注目の領域となってきました。一番最初にテイクオフした課金コンテンツが、技術的にはインターネット初期からある非常に「枯れきった」メディア形態の「メールマガジン」であったということには深い含蓄を感じますね。

さて、有料の個人メールマガジンとこれまでの雑誌や書籍の作り方の違いはなんでしょうか？

メールマガジンには（既存の雑誌や書籍と比べて）

・相対的に少人数（最少2～3人）で作れるし、1人でも完結可能なこと
・圧倒的に制作から発行までのタイムラグがなく速いこと
・定期購読かつPUSHモデルであり、読者は主体的に「止める」ことを選択しないと、ずっと課金が継続すること
・実際の書き手である著者への売上還元率が高いこと
・誰が編集・発行責任者なのか？　顔の見える個人が品質保証をしていること（あるいは、少なくとも読者にはそのように見えること）
・電子メールが読める環境にある人が全て潜在市場となり、既存の雑誌や書籍のマーケット規模と遜色ないくらいに読者の広がりを期待できること（⇒専用の電子書籍端末を必要とするケースとの決定的な相違点）

というような特徴があります。一つずつ解説しましょう。

雑誌がオーケストラなら、メルマガはロックバンド

まず、メルマガは圧倒的に少人数で制作可能です。メジャーな商業雑誌の場合、編集制作に関わる人の総数は、数十名規模に達するでしょうし、書籍でも、著者と編集者以外にも、校閲や装丁デザイン、販売担当者なども入れるとやはり最低でも5人程度は関わるケースが多いはずです。それに比べて、メルマガの場合、メインとなる著者（＋編集者・校閲者）のせいぜい2〜3人のケースがほとんどのように思います。

また雑誌の場合は、月刊誌ならば、実際に店頭に並び世の中で読まれるタイミングと、記事内容を制作している間に、どうしても2〜3カ月のタイムラグが発生せざるを得ません。また、週刊誌でも、やはり1〜2週間のタイムラグはできてしまいますが、メルマガであれば、メイン著者がテキストを書き終えればいいわけなので、読者のメールボックスにメルマガが配信されてくる数時間前まで、「ネタ決め」の期限を引っ張ることもでき、

それだけタイムリーなネタを配信することができます。（タイムラグのなさ、という意味においては、新聞以上の鮮度のものを実現することも可能です。）

そして、いったん購読ボタンを押すと、多くのメルマガは週刊で、毎週、メールボックスにメルマガが届き、主体的に「解約」しようとしない限り、毎月525円から840円程度の課金が続くわけです。すでにiモードを通じた課金コンテンツ市場の広がりで証明されていますが、この「放っておけば課金が続く」という状態を作り出すことで、せっかく押させた「購読ボタン」1クリックの価値を極大化する戦術は、「怠惰」という人間本来の性質に裏打ちされている意味で、私は極めて有効なビジネスモデル基盤だと思っています。

さらに有料メルマガに対価を支払う読者心理について考察しましょう。これまで長く続いてきた書籍マーケットでは、著者への支払い印税は、本の値段の10％と相場が決まっていました。実は、この本もそうなのですが（笑）。また、雑誌の場合は、10％はおろか、ほとんどの連載コラムの原稿というのは、よほどの大御所を除いては、1ページあたりせいぜい数万円程度であり、平均的な商業雑誌の号あたり総売上に占める、ライター陣への原稿料比率は、雀の涙のようなものです。

読者が書籍や雑誌に対し支払ったおカネのほとんどは、小売マージンとして書店主のフトコロに入り、次に卸流通業者である取次のマージンとなり、そして、版元である出版社の社員人件費（社会保険などの労務コストを含め）やオフィス家賃、さらには用紙代や印刷代金などに消えて、ほんのわずかな10％以下の部分が、実際に掲載されているテキストの著者たちに還元されてきたわけです。

ところが、この配分比率がメルマガに移行するとどうなるでしょうか。「まぐまぐ！」などのメルマガ配信プラットフォームは配信代行と決済代行などでそれなりに手数料をとりますが、私が知る限りその多くは20～40％程度です。逆に言えば売上の80％程度（少なくとも60～70％程度）は、著者本人の手に渡ることになります。この比率は、これまでの書籍や雑誌における著者への比率と比較すると、ザックリした計算ですが、6～8倍程度になるのではないでしょうか。

そして、メルマガ購読者も、このことを無意識に感じているように思います。例えば、ここに熱心なホリエモンのファンが1人いるとしましょう。毎週、全く同じ、ホリエモン連載が読めるとして、架空のケースですが、

・毎週、扶桑社の「ＳＰＡ！」で読む：週あたり単価３５０円（コラム著者への原稿料は定額で1本3万円）
・メルマガを購読して読む：週あたり単価２１０円（著者へは売上比例で還元）

どちらで読むのが、一人のホリエモンファンにとっては自然なことでしょうか？　当然、後者になると思います。なぜならば、自分が「おカネを払う」という行為が、著者に対する「返信」として、コミュニケーション機会になり得るのは後者だからです。雑誌に連載コラムを提供している著者の多くは、廃刊寸前の危機にでもならない限り、実売部数のことなどほとんど気にかけないでしょう。それに比べて、メルマガ著者にとって、毎回の購読者数というのは実に切実であり、毎号毎号チェックする人がほとんどだと想定されます。そのことがファンにとって「自分の払ったおカネ（の意味）」がよりダイレクトに著者に届いているはず、という認識につながり、このことが課金継続の担保となっているのではないでしょうか。

これは、ＡＫＢ48総選挙に大金をつぎ込むファン心理と似ています。二次創作コンテンツを自ら制作し発表したり、既存コンテンツへの鋭い論評を公開して注目を集めたりすることのできない大多数の一般人にとっては、「おカネを払う」ことが、自分が支持したいコンテンツの「作り手」に対して、自分の存在や気持ちを知らせる、ほとんど唯一の「返信」「返報」の手段であり、その中でコミュニケーションが成り立った、というような「幻想」を獲得することが、「情報は無料化する」ネット上において、コンテンツにあえておカネを支払おうとする最大の動機です。そのためには、「コンテンツ作者」がAKB48のメンバーたちが、総選挙の自分の票数を気にするようなレベルで、課金状況を「気にかけて」くれないと、おカネを払う意味を感じられません。

ファンとしての自分の存在をおカネの支払いを通じて知らせるという面では、「ホリエモンの連載コラムが面白いから『SPA!』を買う」という行動よりも、「ホリエモンの文章が読みたいから、メルマガを購読する」という行動のほうが、ずっと効果的で効率的なわけです。（読み手にとって、面白い連載や記事と、面白くない連載や記事が、無理にバンドリングされ「抱き合わせ販売」されてしまっているのが、現在の雑誌ビジネスのコンテンツ構造であり、個人メルマガの隆盛《りゅうせい》は、ここが「アンバンドリング」されていく過程と見ることもできます。）

つまり、個人メルマガの隆盛は、それだけ、既存の雑誌や書籍を取り巻く出版ビジネスが「目詰《めづま》り」を起こしていることの兆候なのだと思います。

次は編集論の観点からも、ネット有名人の発信する個人メルマガを考えてみましょう。私はこれまでに「雑誌は編集長の王国」だったと書いてきました。しかし、これはもはや過ぎ去った「古き良き時代」を表わすフレーズとなってしまいました。例えば、2012年現在、日本の雑誌業界で、読者が「編集長が交代したこと」を意識できるような雑誌が何誌あるでしょうか？　読者が特定の雑誌を買う理由として「XXさんが編集長だから」という理由が上位に挙がる雑誌が何冊あるでしょうか？　今や、ほとんどの雑誌読者にとって、雑誌の「編集長」の多くは、出版社に属するサラリーマンの一人であり、名前を覚えてその存在を意識する気持ちを持つ気にすらならないような遠いどこかの他人、そんな存在になってしまっているように思います。「王国の国民たち＝雑誌の読者」が「王様」の名前すら知らないわけですから、実態としては、王国など、とっくに消えてなくなっているわけです。

ここに既存の雑誌と、個人メルマガとの鮮やかな対比が浮かびあがります。ホリエモンや津田大介氏、佐々木俊尚氏といった「個人メルマガ」の諸公たちと、その読者の関係を考えましょう。彼らのメルマガの読者たちにとって、そのメルマガを読む際に、編集長という肩書きがそこにあるかどうかは別にしても、堀江貴文氏や津田大介氏という個人を意識しない瞬間は片時もないはずです。つまり、今や有料個人メルマガこそが、特定の個人が君臨する「王国型メディア」となっているのです。

その内容から発行のプロセスについて、一個人が全責任を負い、その内容に対し読者は、疑義や不満があればツイッターなどを通じて直接に、公衆の面前で著者本人に異議申し立てすることもできます。それと引き換えに売上の大半は著者本人に帰属するというダイレクト感、この書き手「個人」と読み手「個人」が直結するダイレクト感こそが、有料個人メルマガが、メディア論的な文脈から見ても、単なる「時代の徒花《あだばな》」と斬って捨てられない「何か」を感じさせる根本的な理由だと私は考えます。そして、こういう形で、既存の出版社や取次、書店などが「中抜き」され、新しいカタチに再編成されていくことこそが、「電子出版」を巡るコンテンツ産業にとって最も本質的な論点です。

新しいキンドルのモニターが何インチで原価が何ドルだとか、新しいiPhoneの薄さが何ミリだとか、そういうハードウェアのスペック情報は、全く無意味とまでは言いませんが、あくまで枝葉の議論にすぎません。そして、個人メルマガに象徴される「ダイレクト感」

が疾走する結果として起こっていくであろう、中抜き（ディスインターメディエーション）とアンバンドリングは、インターネットという技術が社会に与えてきた影響のまさしく「本質」に関わる部分でもあります。

堀江貴文氏、津田大介氏、佐々木俊尚氏、山本一郎氏、藤沢数希《かずき》氏ら個人で有料メルマガを発行して成功している人の多くは、有力なブロガーでもあり、ツイッターでは、数万人から数十万人のフォロワーを獲得しています。このことは当たり前ですが、偶然ではなく必然です。たとえ、どんなに名文の書き手であろうが、どんなに貴重な情報源に食い込み有益な情報を入手するジャーナリストであろうが、現在のネット世界においては、事前に認知度の蓄積がない人が、いきなりコンテンツに対して課金をしようとするのはあまりに無謀です。

なぜならばコンテンツに課金するうえで、決定的に重要なカギとなるのはコンテンツの「品質」それ自体ではなく、コンテンツ制作者が個人として持っている「信頼」と「影響力」だからです。（岡田斗司夫氏は、この「信頼」と「影響力」を合わせて「評価資本」と称しました。）そして、ヨーイドンのスタートでゼロから新規に「信頼」を構築していくとするならば、2012年の現在においては、「個人」のほうが、法人やチーム型のユニット的な組織よりも、むしろ有利なように思えてなりません。個人型メディアの隆盛には、そのことが根底にあるように私は思います。

具体的に説明しましょう。

たいていの商業メディア、組織メディアは株式会社の形態を持つ主体により発行されます。（これは紙でも、デジタルでも変わりません。）そして、株式会社の原則に「有限責任」というものがあります。この「有限責任」という考え方が、第4章で説明した、メディアが「誤報すらも自己実現させてしまう」という実態と相性がよくありません。その理由について考えましょう。

さて、またもや架空のケースです。ある新規メディアのビジネスで金儲けを企む田畑慎太郎氏（あくまで仮名、36歳）が資本金1000万円で「株式会社ホスピタルリサーチ」を設立します。事業内容は優秀な病院や名医を評価し格付けする「月刊ホスピタルリサーチ」の発行、およびウェブサイト「ホスピタルリサーチ・ドットコム」の運営です。名医に関する評判というのは、いつでも口コミの世界に頼っていたものですから、こういった領域で、メディアが組織的かつ中立的に情報を発信したり、蓄積したりすることには大いにニーズがありそうです。
立ち上げプロモーションもうまくいき、創刊から5年後「月刊ホスピタルリサーチ」の部数やウェブサイトの訪問者は大きく増えます。が、ここで問題が発生します。「ホスピタルリサーチ」社が「ナンバーワンの信頼&実績」と、大きく月刊誌やサイト上で肯定的に紹介していたレーシック手術のXXX眼科クリニックに施術上の大きな問題があり、失明患者が数千人規模で発生してしまいました。失明患者は集団で、XXX眼科クリニックを訴えますが、そもそもXXX眼科クリニックへ行く原因を作った情報を掲載した責任がある、ということで「ホスピタルリサーチ」社も訴えます。

さて、こういう場合、「ホスピタルリサーチ」社の社長であり、株主でもある、田畑慎太郎氏の責任は法的にはどうなるでしょうか？　雑誌やウェブサイトが法人として運営されていたものであり、彼が故意に虚偽を書き、読者を失明に追い込む意図があったことが立証でもされない限り、法人として民事上の賠償責任を負うのがせいぜいで、最大限の損失を想定しても会社が潰《つぶ》れてオシマイでしょう。

しかし、ここでもし、このメディアの発起人が医学界で非常に尊敬されている名医であり、発行形態も有料の個人メルマガであったならばどうでしょうか。当人にとっての実害は、会社が潰れて終わりというだけでなく、医学界で個人として築いてきた名声が全て水の泡になるほど大きいはずです。ここに個人と分かちがたく紐付いたメルマガやブログなどの個人型メディアの特質があります。

有限責任である株式会社という組織形態を通じて運営される限り、組織型メディアは、結果的に戦争を引き起こそうが、自殺者を出そうが、最大リスクは「倒産」にすぎません。また、実際に起こったメディアに関する不祥事の場合（例えば、文藝春秋が発行していた雑誌「マルコポーロ」の1995年2月号に掲載された記事「戦後世界史最大のタブー——ナチ『ガス室』はなかった」が大問題となったケースなどが典型）では、その当該メディアを「廃刊」させ、編集長を解任するというような責任のとり方が多いわけです。

会社は、丸ごと倒産することもあり得ますし、あるいは経営上の決定として、メディア発行を停止することができます。しかし個人が、その個人であることを辞めることはできません。それなりに立場のある中年期以降の人間にとってそれまでの職業人生で築いてきた、評判や名声を否定されるということは、社会的な「抹殺」を意味することでもあります。

つまり、サラリーマン編集者が新雑誌の立ち上げを命じられ、焦りから誤報を出して失敗させたときよりも、同様のことが有力なプロフェッショナルが創刊した個人メルマガやブログなどで起こったときのほうが、当人にとってのダメージはずっと大きいのではないでしょうか。

今や、「会社の寿命」が「個人の寿命」よりも短いと言われる時代になりました。そんな時代に「信頼」が成功への最重要のカギとなるメディアの世界において、「個人メディア」の存在感が大きくなっていくのは、必然的なことだと私は思っています。

「日経新聞」や「VOGUE」といった世代を超えて受け継がれる屋号を持つ組織型メディアと、堀江メルマガに象徴される個人型のメディア（ツイッターやフェイスブックなどのソーシャルメディア上のインフルエンサーもここに含まれます）、クラウドによる個人型メディアの援護という背景要因も踏まえつつ、この2つのメディア形態が、どのように切り結んでいくのか？　21世紀のメディアを考えるうえで大きな論点になっていくでしょう。

有限責任でマネーゲームの「駒」でしかないとも言える「株式会社」と、数十年の時間を通じ、一貫した生身の人間がその責任主体となる「個人」。あなたはどちらを「信頼」しますか。これが、個人型メディアが突きつける究極の問いになるでしょう。

本書を読み、新規メディアの立ちあげ人になろうという皆さんにおかれては、自分はメディア人として、ビジネスパーソンとして、ある分野において信頼され影響力を持っている「個人型メディア」とどのように関わるか？　そこで披露される知見と自分たちをどのように差別化するのか？　あるいは個人型メディアを運営しているようなパワフルな有力者をサポートする側に回るのか？　いっそのこと自らが「個人型メディア」を起こしてしまうのか？　こういう問いについても、真剣に考えることをオススメします。

メディア構造の変化は、とかくデジタルとアナログの軸で議論されがちです。しかし私から見れば、最近、増えている電子出版も紙の本がデジタルになる、ということが本質ではありません。出版・情報提供ビジネスが、個人でも完結可能になりつつあることを前提に、どのようにメディア業界が再編成されていくか？　どのようなアンバンドリングを経て、リワイヤリングがなされていくのか？　ということこそが、その本質だと思っています。

メディアの本質的な存在理由は、情報の縮減機能をもたらす「信頼」と、それが生み出す受け手への「影響力」にこそ、あります。「星の王子さま」風に言うならば、「大切なものは目に見えない」のです。

この本を最後までお読みいただいた読者諸氏が、「目には見えない」大切なものを求め続ける旅が、幸多きことを祈って筆を置きます。

Bon Voyage!　良き航海を！

そして、ブログやツイッターやフェイスブックといった個人メディア、ソーシャルメディアを愛するものとして、ネットを通じて、読者の皆さんから批判・感想をいただけることは著者にとって最大の喜びです。パブリッシュされた瞬間から本というものは著者の手元を離れ、読者は自由にテキストを解釈する権利を持つのです。たとえネガティブでも、テキストへの「批判が存在する」ということは、コミュニケーションが成り立ったということの証明に他ならないわけですから。

皆さまからのご意見・ご感想・ご批判をお待ちしております。

あとがき

この本を書いている最中に、私は4度目の転職をしました。冒頭に書いた通りの「両生類」ぶりを発揮して、「VOGUE」や「GQ」、「WIRED」などのプレミアム・マガジンを発行しているコンデナスト・デジタル社から、NHN Japanへと、自分の仕事場を変えたのです。

NHN Japanは、グローバルに約6500万人、日本国内で3000万人(2012年10月現在)のユーザーを獲得し、更に拡大中のスマートフォン向けコミュニケーションアプリである「LINE」や、月間7億PV規模のキュレーションメディアである「NAVERまとめ」、そして国内最大級のトラフィック規模を誇る「livedoorブログ」や、「Yahoo!ニュース」に次いで国内ナンバー2規模のニュースサイトとなった「livedoorニュース」などを運営する会社であり、私は、そこで執行役員広告事業グループ長として、広告マネタイズを統括しながら、新しいメディアの形を模索し続けています。

紙を中心としたプレミアムメディア企業から、ネットメディアの会社へ。ＰＣからスマートフォンへ。いろんな軸で視点が変わりながらも、本人としては、それほど違うことをしているつもりはありません。なぜならば、メディアの仕事というのは、この本に何度も書いたように、「送り手」と「受け手」が存在し、その間に立って当人たちの思いをどのように付加価値を付けつつ伝えるのか？　結局は、それに尽きるからです。

移り変わりの激しく見えるメディアの世界ですが、大切な魂は、表面的な部分からは、見えない部分にこそ宿るのです。本当に大事なものは、目には見えませんが、時代を経ても、なお変わりません。

この本も、私が「送り手」となって紡いだ、まぎれもなく一つのメディアです。字面に表れる文章を超え、「受け手」の皆さまへと、私の「思い」を行間に滲ませるよう気概を持って書いたつもりですが、伝わりましたでしょうか。もし伝わらなかったとすれば、全責任は私にあります。読者の皆さまに私が伝えたかった何かを感じ取っていただけたとすれば、本当に嬉しく思います。

また本書は、私がストック型メディアの代表である「本」というメディア形態において、初めて「送り手」という役割をいただいた場でもありました。私は、小学生以来、本が大好きな活字中毒の人間でしたから、他人様の本を何千何万と読ませてもらっていましたが、やはり本を読むのと、書くのは大違いでした。

本書の執筆で、これまでとは違った解像度から、本というものを眺める視座を得られたことは、メディアに携わるプロとして、貴重な経験でした。この機会を与えていただいた宣伝会議の谷口優さんに、この場を借りて感謝申し上げます。

最後に、本書の執筆中にたびたびお茶目な妨害をしてくれた長男の海渡と、執筆中に生まれた長女の理莉へ。字も書けないうちからiPhoneでユーチューブで動画を見まくる、君たちが大人になる時に、メディアを巡る状況がどうなっているのか、父には想像が付かないけれど、この本の内容がそのときまで普遍性を持っていることを祈りたい。そして、そんな手のかかる二人の育児をしながら、本書を執筆する時間を与えてくれた妻である恵理に、深く感謝しつつ筆を置きます。

田端信太郎

◉本書は、宣伝会議が運営する広告界のポータルサイト「Advertimes（アドバタイムズ、通称アドタイ）」において、２０１２年２月から７月まで、12回にわたって連載した「メディア野郎へのブートキャンプ」をベースに、加筆修正したものです。

「アドタイ」
http://www.advertimes.com/
企業のマーケティングやメディア、広報、広告クリエイティブなど、コミュニケーション分野を取り巻くニュースや情報を素早く入手することができる広告界のポータルサイト。「宣伝会議」「販促会議」「広報会議」「ブレーン」「編集会議」とマーケティング・コミュニケーション領域における各分野の専門誌を発行する宣伝会議の取材網を生かし、実務に役立つ情報を提供しています。

AdverTimes.
「即実践」に活かせる制作物のノウハウを!
クリエイティブディレクション基礎講座
メディア野郎へのブートキャンプ
FTの紙はなぜピンク色？ーネットメディアがブランド化するために必要なもの
"決定権者"のインサイトに響けば必ず通る!
企画書・プレゼン講座
FINANCIAL TIMES
求む。WEBデザイナー。

田端信太郎（たばた・しんたろう）

１９７５年生まれ。ＮＴＴデータに入社し、ＢＳ／ＣＳデジタル関連の放送・通信融合の事業開発、ＪＶ設立に携わったのち、リクルートへ。フリーマガジン「Ｒ25」の源流となるプロジェクトを立ち上げ、「Ｒ25」創刊後は広告営業の責任者を務める。その後、２００５年4月にライブドアに入社し、「livedoor ニュース」を統括。ライブドア事件後には執行役員メディア事業部長に就任し経営再生をリード。さらに新規メディアとして、「BLOGOS」や「MarketHack」、「Techwave」などを立ち上げる。２０１０年春からコンデナスト・デジタル社へ。カントリーマネージャーとして、以前から運営されていた「VOGUE」のウェブサイトに加え、「GQ JAPAN」、「WIRED」などのウェブサイト、デジタルマガジンなどを新たに立ち上げながら、デジタル事業の成長と収益化を推進。２０１２年6月　NHN Japan　執行役員　広告事業グループ長に就任。全世界７０００万、国内３０００万ユーザーを超える利用者を有する「LINE」や、月間7億ＰＶを超えるキュレーションメディアである「NAVER まとめ」、月間5億ＰＶを超え、国内第2位のニュースサイトである「livedoor ニュース」などの広告マネタイズを総括する。

BLOG: http://blog.livedoor.jp/tabbata/
facebook：https://www.facebook.com/tabata.shintaro
twitter: http://twitter.com/tabbata

MEDIA MAKERS
——社会が動く「影響力」の正体

発行日　2012年11月10日　初版第一刷発行
著者　田端信太郎
発行者　東英弥
発行所　株式会社宣伝会議
東京本社　〒107-8550　東京都港区南青山5-2-1
TEL　03-6418-3323（編集）
TEL　03-6418-3320（販売）
URL　http://www.sendenkaigi.com
印刷・製本　中央精版印刷

ISBN　978-4-88335-270-8　C2063

装丁：尾原史和／樋口裕馬（SOUP DESIGN）